内蒙古自治区高等级公路建设施工标准化指南系列

内蒙古自治区高等级公路建设施工标准化指南

第二分册　工地试验室

内蒙古自治区交通运输厅
交通运输部公路科学研究所　组织编写

内 容 提 要

本书为“内蒙古自治区高等级公路建设施工标准化指南系列”第二分册工地试验室，编制目的是就公路工程中工地试验室建设存在的规范与管理问题，系统地从工地试验室设置、人员和设备配置、工地试验室管理、标识标牌与安全等内容介绍工地试验室建设的合理配置与规范管理，既反映当前工地试验室建设的必要性、适用性和规范性，又突出工程的实用性，同时促进公路工程各参建单位和参建人员对工地试验室建设的进一步了解。

本书适用于内蒙古自治区新建、改(扩)建高等级公路项目的工程试验室管理，也可供内蒙古自治区公路工程各参建单位、参建人员使用。

图书在版编目(CIP)数据

内蒙古自治区高等级公路建设施工标准化指南. 第二分册，工地试验室 / 内蒙古自治区交通运输厅，交通运输部公路科学研究所组织编写. —北京：人民交通出版社股份有限公司，2016.1

(内蒙古自治区高等级公路建设施工标准化指南系列)

ISBN 978-7-114-12936-0

Ⅰ. ①内… Ⅱ. ①内… ②交… Ⅲ. ①等级公路—道路施工—标准化管理—内蒙古—指南②施工现场—实验—标准化管理—内蒙古—指南 Ⅳ. ①U415.1-65

中国版本图书馆 CIP 数据核字(2016)第 075937 号

内蒙古自治区高等级公路建设施工标准化指南系列

Neimenggu Zizhiqu Gaodengji Gonglu Jianshe Shigong Biaozhunhua ZhinanDi-Er Fence Gongdi Shiyanshi

书　　名：内蒙古自治区高等级公路建设施工标准化指南　第二分册　工地试验室

著 作 者：内蒙古自治区交通运输厅　交通运输部公路科学研究所

责任编辑：司昌静　闫吉维

出版发行：人民交通出版社股份有限公司

地　　址：(100011)北京市朝阳区安定门外外馆斜街 3 号

网　　址：http：//www. ccpress. com. cn

销售电话：(010)59757973

总 经 销：人民交通出版社股份有限公司发行部

经　　销：各地新华书店

印　　刷：北京市密东印刷有限公司

开　　本：880×1230　1/16

印　　张：4. 25

字　　数：101 千

版　　次：2016 年 1 月　第 1 版

印　　次：2016 年 1 月　第 1 次印刷

书　　号：ISBN 978-7-114-12936-0

定　　价：22. 00 元

本册编写人员

主　　编： 王　骁

副 主 编： 李　江　李星亮

参编人员： 余胜军　周震宇　康爱国　韩　磊

王　杰　安春英　陈德智　姜云花

傅燕峰　康新胜　苏成林

前　　言

“十二五”期间,内蒙古自治区高等级公路建设事业取得了长足发展,“十三五”期间高等级公路建设任务依然十分繁重。为进一步规范公路建设项目施工管理,提高工程管理和技术水平,确保工程质量和施工安全,提升行业文明形象,同时响应交通运输部《关于开展高速公路施工标准化活动的通知》(交公路发〔2011〕70号)要求,并结合2011年推行的《内蒙古自治区高速和一级公路施工标准化管理指南(试行)》及内蒙古自治区高等级公路施工的实际情况,内蒙古自治区交通运输厅组织编写了《内蒙古自治区高等级公路建设施工标准化指南》(以下简称《指南》)。《指南》共十一分册,分别为:工地建设、工地试验室、路基工程、路面工程、桥梁工程、隧道工程、交通安全设施、房建工程、安全生产、环保、管理。

本《指南》主要依据国家、工程建设标准化协会、交通运输部及内蒙古自治区交通运输厅等工程建设主管部门发布的与公路工程建设相关的文件、标准、规范、规程、指南和行业内采取的成熟、先进的施工工艺及管理办法,以及内蒙古自治区高等级公路施工管理中的特点和先进经验编写而成。

本《指南》未提及的,请参照现行相关的标准、规范、规程、规定执行。

本分册为《指南》第二分册工地试验室,汲取了内蒙古自治区高等级公路施工管理中的成功经验,同时借鉴了其他省区高等级公路工程管理的科学方法。本分册共有五章内容,包括:总则、工地试验室设置、人员和设备配置、工地试验室管理、标识标牌与安全。本分册由内蒙古自治区交通运输厅、交通运输部公路科学研究所主编。由于编制时间和编制水平所限,书中如有不妥甚至错误之处,请广大读者不吝指正。

本《指南》可供内蒙古自治区公路工程各参建单位、参建人员使用。各盟市对其中有关的具体指标可根据实际情况进一步细化和强化要求,对未尽事宜应予以补充完善。各有关单位和从业人员在使用本分册时,如发现问题或提出改进意见,请函告内蒙古自治区交通运输厅(地址:呼和浩特市地质南街68号,邮编:010010,联系电话:0471-6968635,电子邮箱:bgs@nmjt.gov.cn)或交通运输部公路科学研究所(地址:北京市海淀区西土城路8号,邮编:100088,联系电话:010-62079067,电子邮箱:jiang.li@rioh.cn)。

内蒙古自治区交通运输厅

2015年11月

目　　录

1 总则

1.1 目的及意义

工地试验室作为公路工程质量控制和评判的重要数据来源,是工程建设质量控制体系的重要组成部分,其建设和管理水平将直接影响试验检测数据的客观性和准确性,并影响工程质量的过程控制、建设指导及最终评判。

为推进内蒙古自治区公路工程管理,树立行业文明形象,规范试验检测行为,提高试验检测数据的客观性和准确性,更有效地发挥工程质量控制和建设指导作用,进一步提升工程管理水平,实现工地试验室硬件建设标准化、检测工作规范化、质量管理精细化、数据报告信息化,特制定本指南。

1.2 编制依据

(1)国家、交通运输部等颁布的与工地试验室建设和管理相关的文件、标准、规范、规程和指南。

(2)内蒙古自治区交通运输厅发布的与工地试验室建设和管理相关的文件、指导意见。

(3)全国高等级公路成熟的、先进的工地试验室建设和管理经验。

1.3 适用范围

(1)本指南适用于新建、改(扩)建高等级公路(本指南“高等级公路”是指高速、一级公路)项目的工地试验室建设,其他等级公路(本指南“其他等级公路”是指二级及二级以下公路)可参照执行。

(2)本指南也适用于独立特大桥、特长隧道项目的工地试验室建设。

1.4 基本要求

(1)施工单位、监理单位或检测单位应根据工程检测需要及合同约定,在工程现场设立工地试验室。试验室检测设备、设施及检测人员资格必须满足合同约定和工程实际需要,并达到施工自检和复核性试验检测要求。

(2)工地试验室应本着因地制宜、务求实效、经济实用的原则,应根据项目规模和建设内容进行设置,既要满足工程质量的有效控制需要,又要满足布局合理、配置齐全、管理规范、安全环保及环境整洁等要求。

(3)工地试验室必须严格执行国家、交通运输主管部门的有关法律、法规、技术标准、规范、规程,遵循诚信、科学、客观、严谨、可靠的原则,独立开展试验检测活动,为工程建设质量控制提供客观、公正、真实、准确的试验检测数据和报告。

(4)任何单位和个人不得干预工地试验室独立、客观地开展试验检测活动。必须营造工地试验室独立、公正、规范运行的内、外部环境,充分发挥工地试验室对工程质量的控制和指导作用,促进公路建设事业又好又快的发展。

(5)各参建单位必须高度重视工地试验室的基础地位和指导作用,全面推行工地试验室标准化建设与管理。建设单位应根据工程特点,将工地试验室标准化建设相关要求纳入招标文件,并明确工地试验室的检测能力、人员、仪器设备配备要求,监督中标单位,以保证工地试验室的合格投入。

(6)高等级公路工地试验室各项建设的具体技术要求应符合现行相关规范、标准、指南、规定;设计中有明确说明或特殊要求的,按设计文件执行。

(7)本指南附录所有列图均为示意图。

(8)本指南未提及的,请参照现行相关的标准、规范、规程、规定执行。在使用和执行本指南过程中,应严格执行现行的相关技术标准、规范、规程、规定;在应用过程中如有更新,应以最新发布的内容为准。

1.5　合格达标验收制

工地试验室建设应验收达标后方可投入使用,对于验收不通过的必须限期整改,直至通过达标验收。建设单位应不定期组织检查,日常检查可以结合综合检查一并开展,检查结果应纳入综合考评当中;同时加大日常处罚与奖励力度,树立典范。

2 工地试验室设置

2.1 一般规定

(1)工地试验室是指公路工程建设过程中从业单位在工程现场为质量控制和检验评定工作需要而设立的临时试验室。建设应符合现行《公路水运工程试验检测管理办法》(交通部令 2005 年第 12 号)的有关规定,由取得《公路水运工程试验检测机构等级证书》的试验检测机构(母体试验检测机构)授权设立。

授权内容:工地试验室可开展的试验检测项目及参数、授权负责人、授权工地试验室的公章、授权期限等。

"公路水运工程工地试验室设立授权书"应加盖母体机构行政及等级专用标识章。

(2)工地试验室的母体试验机构应同时具有《公路水运工程试验检测机构等级证书》(简称《等级证书》)和《计量认证证书》(简称《计量证书》),且授权的试验检测项目和参数不得超出其等级证书核定的业务范围,并应根据工程项目质量管理需要或合同约定,对工地试验室进行授权。母体试验检测机构对工地试验室的试验检测行为及结果承担相应的管理责任。

(3)施工单位、监理单位必须在工程正式开工前,经授权在工程现场设立与工程内容相适应的工地试验室,并满足合同约定和项目建设实际需要。相关现场技术服务单位宜建立满足工作需要的试验室。

工地试验室实行登记备案制,经建设单位初审合格后报送项目所在地盟市质监机构登记备案。国家和自治区投资的高等级公路建设项目经所在地盟市质监机构审核合格后,由建设单位报送至自治区质监机构登记备案,自治区质监机构组织对申请材料符合要求的工地试验室进行现场核查,通过备案的工地试验室由自治区质监站出具《公路工程工地试验室备案通知书》。不具备《公路工程工地试验室备案通知书》的工地试验室出具的试验检测数据按无效处理。

(4)对于超出母体授权范围的试验检测项目、参数,或必须外委试验的如桥梁橡胶支座、钢绞线、锚具、混凝土外加剂等应进行外委试验(外委试验检测机构应取得相应《等级证书》和计量认证,且上年度信用等级为 B 级及以上)。

外委试验取样、送样过程应进行见证,工地试验室应对外委试验进行登记备案,并将试验结果进行确认,同时向项目建设单位报备;工地试验室应将接受外委试验的检测机构的有关证书复印件存档备查;同一合同段中的施工、监理单位、检测机构不得将外委试验委托给同一家检测机构。

(5)内蒙古自治区交通建设工程质量监督局是高等级公路工程工地试验室监督管理牵

头单位，全面负责组织、协调、指导高等级公路工程工地试验监督管理工作；盟市公路工程质量监督站具体负责本行政区域内高等级公路工程工地试验室现场监督管理工作。工地试验室应经认定资格的单位组织认定，并取得批准后方可正式开展试验检测工作。

（6）上年度信用评价等级在C级及以下的检测机构不宜作为母体检测机构授权组建工地试验室。

（7）当施工单位施工跨度超过15km（一期土建工程跨度每增加10km）、驻地监理单位管理跨度超过50km，或交通不便时，工地试验室宜根据具体情况下设分试验室，且统一管理，统一申报质监机构的能力核验。

（8）工地试验室下设分试验室时，应明确区分各自检测范围及参数、人员组成及检测项目。各类标准试验、配合比试验及监理认定的且有必要的重要试验均应由工地试验室承担。

（9）工地试验室只能承担本项目母体试验检测机构授权范围内的试验检测工作，为本工程建设提供试验检测服务，不得对外承揽试验检测业务；严格按试验规程规定的方法进行独立的取样和试验，不得相互代为取样或试验；也不得对试件相互代为养护或保存。

（10）本章未提及的，请参照现行《公路工程工地试验室标准化指南》及本指南系列其他分册有关要求执行。

2.2　选址

为保证试验检测工作的有效开展，工地试验室应具有相对独立的工作场所，同时满足安全、环保、交通便利及工程质量管理等要求。

2.2.1　安全要求

（1）禁止选择在矿山采空区、顺层滑坡体以及堆积层、坡积层及坡度在45°（一般宜30°）以上的山区、泥石流、河道、水库下游等地形、地质、水文不良地带，避开塌方、落石、滑坡、危岩、雷区、积沙、积雪等地段。

（2）避开高频、高压线路及高大树木，与通信线路及管线保持一定距离；远离油、气、化工等其他污染源；不宜建在存有交通安全隐患的区域和地段。

（3）必须用地合法，禁止占用运输通道（道路、桥梁及河道）区域与规划的取、弃土场。

（4）避开产生噪声、振动、电磁干扰、尘烟、固（液）废弃物等有污染源的地段。

（5）不宜建在污染企业、垃圾处理厂等易产生干扰的地段和区域。

（6）必须远离集中爆破区500m以外。

2.2.2　管理要求

（1）具备便利的交通、通电、通水、通信条件，还宜满足信息化办公管理要求。

（2）工地试验室宜设置在驻地或拌和场内，方便质量控制及协调管理，利于试验检测工作的有效开展。

（3）当工地试验室不在驻地或场站时，应具备相应的试验办公、生活条件；办公生活区宜采用封闭式管理,有固定的出入口。试验室办公区、生活区应独立分开。

2.3　试验室布局

工地试验室应根据办公、生活所需面积,合理利用原有地形、地貌、水文条件及现有设施,并按照独立分区、布局合理、互不干扰、经济适用等原则合理规划,规划方案应满足试验检测工作需要和标准化建设有关规定,并报送项目建设单位,审核合格后方可实施。

2.3.1　功能室布置

(1)高等级公路建设项目必须配备满足合同约定和项目工程建设实际需要的工地试验室。

(2)工地试验室应根据工程内容、工程量和所开展的试验检测项目及规模等确定各功能室的设置。对于路基路面、桥梁隧道等主体工程,一般应设土工室、集料室、水泥室、水泥混凝土室、力学室、沥青室、沥青混合料室、标准养护室、化学室、无机结合料、现场检测室、样品(留样)室、储藏室等功能室及办公室和资料室。

房建、交通安全设施、机电等附属工程如需设立工地试验室,可结合实际情况和工作内容参照设置。

(3)各功能室应设置在一个相对独立的区域,布局合理且相对独立,但各功能室也不宜距离过远;布局时应按试验检测流程和工作相关性进行设置,试验产生振动的功能室应设置在一起,试验时需要隔震要求的功能室则应稍远离振源功能室。各室内仪器设备应本着优化试验检测工作流程、避免相互干扰、摆放和谐美观等原则进行布设。

(4)工地试验室应设置办公室、资料室等办公区,办公区与其他功能室应分设。工地试验室各功能室应按实际需要配置,其面积应满足试验检测工作需要、环境条件要求及相关部门规定,保证整体布局合理、美观大方。主要的功能室要求可参考表2-1。

工地试验室主要功能室面积及要求一览表　　表2-1

序号	功能室类别	配备标准(m^2)		环 境 要 求	备 注
		监理单位	施工单位		
1	土工室	20	20	应配置温度控制设备	—
2	集料室	15	15	应配置温度控制设备	磨耗机应隔离;必要时含石料检测
3	水泥室	20	20	应配置温湿度控制设备	—
4	水泥混凝土室	20	20	应配置温湿度控制设备,完善排水设施	—
5	力学室	20	20	应配置温度控制设备	—
6	标准养护室	20	25	应配置温湿度控制设备,完善排水设施	专用设备;满足高峰期试件的养护
7	无机结合料室	10	10	应配置温度控制设备	—

续上表

序号	功能室类别	配备标准(m^2)		环境要求	备注
		监理单位	施工单位		
8	化学室	20	20	应配置大功率排风设备	—
9	沥青室	20	20	应配置温度控制设备和机械强制通风设备	—
10	沥青混合料室	25	25	应配置温湿度控制、大功率排风设备	对有沥青混凝土的项目需增加一间不低于 $10m^2$ 的化学室
11	现场检测室	10	10	配仪器架	—
12	样品(留样)室	15	15	应按照样品状态分区	宜配置湿、温控制设备
13	档案资料室	15	15	应有防虫、防潮、防火及防盗措施	应有一定数量的文件柜
14	储藏室	12	12	温度一般控制在10~30℃范围内	放置杂物、闲置或废弃的仪器
15	办公室	35	30	根据试验室人数配置,人均不小于 $6m^2$,并设置防暑降温、取暖设施	应配置至少2台电脑
16	会议室	20	20	满足可供20人开会的要求	可与其他会议室合用

注:工地试验室设置在驻地时,可不另设会议室。另外,根据工程需要,可增设其他功能室。

2.3.2 办公区布置

(1)办公室墙上应张贴或悬挂岗位职责、组织机构、授权委托书、试验人员公示牌、试验流程图、晴雨表等。

(2)办公室应配备必要的办公设施,如办公桌椅、文件柜、打印机、空调等设备,且具备上网条件。办公环境应干净、整洁、舒适、通风、采光良好。

(3)办公桌、资料柜等应布置合理,摆放和谐美观,并采取防潮、防蛀等措施。

(4)安全护具应统一悬挂在靠门口的一字形木条上,木条宜离地面180cm,严禁将安全护具搁置在资料柜、桌面或其他物体上。

(5)办公区应完善消防措施,配备必要充足的消防器材;建立安全、卫生管理制度,落实专人维护和保洁。

2.3.3 生活区布置

生活区建设应体现以人为本的理念,用房应实用、隔热、通风、防潮、美观,应建立安全、卫生管理制度。其他相关要求按本指南《工地建设》分册有关要求执行。

2.4 房屋建设

工地试验室可新建或租用合适的既有房屋,房屋应坚固、安全、实用、美观,满足工作、生活需求。新建房屋宜安装、拆卸方便且环保;租用沿线已有民用或公用房屋应考虑满足工地试验室标准化建设及工期要求。

(1)工地试验室应综合考虑极端气候的影响,确保其使用周期内牢固、安全、耐用可靠。

(2)房屋基础应牢固,周边场地应做硬化处理,院内宜适当绿化。防、排水设施应完善、合理。

(3)新建房屋应选择坚固、安全、环保、防水和保温的建筑材料(宜采用砖、混结构),当采用彩钢房时,应设钢骨架,遇常年风力4级以上的地区,还应加设防风安全措施。室内装修布设应整体简洁、大方。不得使用帐篷、石膏板房等不能保证安全和环境条件的简易用房。

(4)房屋净高不宜低于2.6m,房屋挑檐(雨搭)宽度不宜小于1.2m;房屋散水宽度不宜小于1m。两排房屋之间应预留净宽不小于4m的消防通道。其周边场所、通道均应进行硬化处理。

(5)房屋室内地面应略高于室外,宜采用统一规格的硬质材料进行硬化处理,表面应平整、坚固、耐磨、防水、防滑,四周墙体应合理装修,整体应整洁、干净、有序。标准养护室应设置带有顶盖的蓄水沉淀池,地面应合理设置一定坡度的环形水槽或放射性水槽,且与蓄水沉淀池相通,便于养护水回流,节约用水。

(6)房屋前后宜设置向外可开启式窗户,窗地面积比不宜小于1:6。标准养护室不宜设置窗户,应设置保温保湿措施。

(7)房屋门扇一般宜设置向外开启,尺寸宜为2.1m×1.0m,对于有超高超宽设备的功能室,可适当调整尺寸或设置双开门,同时满足防潮、防虫、防损坏等要求。标准养护室的门应采用密封性防潮材料制作,不宜直接对外,宜设置过渡间;必要时样品室可采用卷闸门,方便样品出入。

(8)有温度、湿度要求的功能室净高超过3m时,应采用吊顶或其他合理方式压缩高度,以便保温、保湿,节约能耗。

(9)租用房屋隔断时,应通高隔断;进行隔断时,如有温、湿度要求应作接缝密封处理。

2.5 附属设施建设

2.5.1 给、排水

各功能室给、排水设施设置应满足办公、生活需要,并符合安全、经济、适用的原则,同时便于维护和管理;配备必要的应急水源,保证试验检测工作正常、连续开展。

(1)给、排水系统应综合考虑水质、水温、水压、水量、流量及排放规律等情况确定。

(2)试验室各功能室应设置上下水。各功能室宜设置自来水水池,水池的布置宜靠近操作台且适用、美观。化学室宜配套三联水龙头,方便玻璃器皿的清洗;排水口宜设置过滤和水封装置,下水连接应保持通畅。

(3)水泥室、水泥混凝土室、集料室(石料室)地面应设置泄水槽、沉淀池,方便设备、场地清洗及环境保护。沉淀池应设置顶盖,并经常清理,保持排水通畅。

(4)排水管道应有一定的坡度,尽量直排污水总管,避免阻塞。室外管道埋设应考虑当地冰冻深度,防止管道冻结。

2.5.2　供电系统

工地试验室使用的电气设备和临时用电设施应符合现行《供配电系统设计规范》(GB 50052—2009)、《施工现场临时用电安全技术规范》(JGJ 46—2005)等有关规定,确保用电安全。

(1)供电采用 TN-S 接地、接零保护系统,采用三相五线制(三根火线,一根工作零线,一根保护零线)和三级配电三级保护方式(总控、分控、开关,分控、开关分设漏电保护)。

(2)试验室电路应为独立的专用线(宜采用电缆),各功能室的工作用电不得与照明用电共用线路,且满足仪器设备正常工作负荷的安全要求。为保证断电时必要试验项目及办公设施的正常运行,宜配备应急电源(发电设备),电源功率宜不小于整个工作区总功率的1.25 倍(一般按不小于 15kW 考虑)。

(3)电路布设宜统一采用白色防火材料的线槽明敷,不同电压或频率的线路应分别单独敷设,不得在同一管内敷设。线槽应便于安装、拆卸和维护,严禁线路乱拉、乱搭和乱接。

(4)各种电器元件应与电器设备相匹配。电气开关安装高度距地面宜为 1.3~1.5m,拉线开关安装高度距地面宜为 2~3m,扳把开关或翘板开关安装距地面宜为 1.4m,距门口(开门一侧)宜为 15~20cm。多尘、潮湿场所或户外应选用防水开关或安装保护箱。

(5)插座安装高度距地面或操作台面不宜小于 0.3m,且不影响仪器设备的放置和操作。插座应有开关控制等保险装置,确保人身安全。

(6)计算机或微机控制的精密仪器对供电电压和频率有一定要求。为防止电压瞬变、瞬时停电、电压不足等影响仪器设备工作,应选用不间断电源(UPS)。

(7)烘箱、高温炉、空调、加湿器等电热设备应采用专用插座、开关及熔断器,较大负荷用电器应单独设回路,并安装相应的自动保护开关。

(8)标准养护室的电路及灯具应采用相应防护等级的防水灯具或带防水灯头的开敞式灯具。

(9)其他临时用电要求请参照本指南系列其他分册有关要求执行。

2.5.3　环境

(1)各工作室应有与外界空气直接流通的窗口,通风口面积不宜小于房间面积的 1/20。水泥室的沸煮箱宜用外箱罩住,外接一直径大于 8cm 的塑料管通向室外。

(2)试验过程中使用或产生有害物质的功能室如化学室、沥青室、沥青混合料室等,应根据试验项目、污染程度、范围、工作量的大小,采取合理有效的通排风设施。

(3)对环境有要求的功能室,应根据室内面积和空间大小,在合理的位置安装相应的温湿度控制设备、防振动装置等,同时配置温湿度表,对于较大空间的功能室及标养室应在房屋对角位置布置不少于两个温、湿度表。

(4)对环境温度没有特殊要求的功能室,一般应控制为:夏季不高于 30℃,冬季不低于

10℃。冬季办公、生活区应采用集中供暖设备、严禁电力取暖,保证在极端气候条件下试验检测工作的正常开展。

(5)化学室、沥青室及沥青混合料室应配备相应的废弃物集中收集装置。废弃物应定期按规定要求处理,不得随意倾倒;其他各室产生的废弃物(如混凝土试件等)应堆放在专门的存放地点,集中处理,不得随意乱扔。

(6)凡含有毒有害物质的污水,均应进行必要的处理,符合国家排放标准后,方可排放;酸、碱污水应进行中和处理,对于较纯的溶剂废液或贵重试剂,宜在技术经济比较后回收利用。

2.5.4 其他设施

1)操作台

(1)功能室应配置满足试验检测工作需要的操作台,台面应采用光洁、抗折、耐磨、耐腐蚀的材料或铺设瓷砖,应平整、坚固。为防止玻璃器皿碰碎及方便清洗,可在台面上铺设橡胶垫;操作台下应设置带有柜门的储物柜或采用同一材料遮挡,保持整体美观大方。

(2)操作台宽度宜为 60~80cm,高度宜为 70~90cm,如操作台上放置的仪器设备体积较大时,台面尺寸可适当调整。

(3)靠两侧墙布置的操作台的净距不宜小于 1.6m,当有一侧墙体布置通风柜或试验仪器设备时,与另一侧操作台之间的净距不宜小于 1.5m。

(4)为便于重复利用,提高建设效率,保持外观整洁,宜采用储物柜式整体操作台,如采用理化板台面和防火板立面组装而成的整体式操作台等。

2)样品架

(1)标准养护室的样品架(养护架)应具有一定的刚度,可采用角钢(不宜低于 4mm×4mm)制作且涂刷防锈漆,或采用不锈钢材料制作,每个养护架应用大写英文字母编号,分层搁架应镂空处理,保证试块养生效果。每层高度宜为 30cm 左右,深度宜为 60cm 左右,总体高度在 1.5~1.8m,样品架不宜直接接触墙壁;放置试件的支撑结构可采用 ϕ16mm 的圆钢或不锈钢管,顺深度方向、按 3cm 左右的间距与框架牢固连接。样品架的数量应满足工程建设高峰期试件养护最大数量的需求。

(2)留样室的样品架可参照标准养护室样式制作和编号,具体尺寸根据所放置样品的内容、数量等确定;也可直接购买符合要求的装配式货架。

(3)样品室可采用隔仓和样品架存放样品。隔仓的尺寸可根据存放需求确定,样品存放须做防潮处理。

3)基础

(1)对需要混凝土基础(基座)固定的仪器设备(如击实仪、振动台、摇筛机、压力机等),应按有关标准、规程和仪器设备使用说明书的要求进行基础规划和浇筑,基础强度应满足需要,基础表面应水平。

(2)对基础(基座)有隔震要求的应设立独立混凝土台,周围存在振源时应在地面与台座间设橡胶垫。

4)集料室

集料室宜采用小隔仓存放集料,隔墙高60~80cm,仓后墙120cm左右高处贴材料标识牌。当试验结束后,隔仓内剩余集料应及时清除处理。

3　人员和设备配置

3.1　一般规定

(1)工地试验室实行授权负责人责任制。工地试验室授权负责人对工地试验室运行管理工作和试验检测活动全面负责,授权的负责人(试验室主任)必须是母体试验检测机构委派的正式人员,且必须持有有效的交通运输部质监总站颁发的试验检测师证。

(2)工地试验室配备人员要满足现场实际需求,且人员数量及资格应满足质量监督部门的规定。高等级公路建设项目工地试验室持试验检测证人员不少于 6 人,持试验检测师资格证书不少于 2 人,且均培训合格。

(3)试验室应根据人员专业范围、技术特长划分人员具体岗位;相关技术人员与试验仪器均应通过建设单位(或授权的监理单位)组织的实操能力、理论知识及试运行的考核,达标后方可正式上岗和投入使用。

(4)工地试验室持证检测人员专业应配置合理,能涵盖工程涉及的专业范围和内容,且具备相应的岗位能力。各功能室主要操作人员应持有相应专业资格证书。

(5)工地试验室应建立试验人员管理档案和台账,重视对试验检测人员的培训,档案内要记录理论学习、技能培训、考核的有关资料;工地试验室配置的其他辅助人员也应通过相关专业培训及考核。

(6)所有试验检测人员均应持证上岗,并在母体试验室注册登记,不得同时受聘于两家或两家以上的工地试验室。

(7)工地试验室不得聘用信用较差的试验检测人员担任授权负责人,不得聘用信用很差的试验检测人员从事试验监测工作。试验检测人员不得在项目部其他部门兼职。

(8)工地试验室需设分试验室时,分试验室应至少配置 1 名试验检测师和 4 名助理试验检测师(原试验检测员),且能涵盖工程涉及专业范围和内容。

(9)人员配备中本单位人员必须占 50%以上,且必须有缴纳 3 年以上社保证明。

(10)试验报告的签发和审核人员必须持有试验检测师证书,且经母体检测机构授权。

(11)试验检测人员应积极参加继续教育,每个周期内应修满相关规定的继续教育学时。

(12)本章未提及的,请参照本指南系列其他分册有关要求执行。

3.2　人员配置

工地试验室应根据工程内容、规模、工期要求、工作距离等因素及合同约定和相关规定，科学合理地配备试验检测人员，确保试验检测工作正常、有序开展。

3.2.1　建设单位

对于建设单位，中心试验室应至少配置覆盖工程范围内的持证试验检测师各1名。

3.2.2　监理单位

1）总监办工地试验室

（1）对于独立特大桥、建安工程费50亿元以内的高等级公路建设项目，总监办工地试验室宜不少于10名持证试验检测人员，其中试验检测师不少于2名。

（2）对于建安工程费超过50亿元的高等级公路建设项目，每增加15亿元宜增加1名持证试验检测人员。

2）驻地办工地试验室

（1）对于受监工程建安工程费15亿元以内的，驻地办工地试验室不少于6名持证试验检测人员，其中持证试验检测师不少于2名。

（2）受监工程建安工程费每增加2.5亿元宜增加1名持证检测人员。

3.2.3　施工单位

（1）对于一期土建工程，建安工程费用2.5亿元以内的，宜配置不少于8名持证试验检测人员，其中试验检测师不少于2名。建安工程费用每增加1.0亿元宜增加1名持证检测人员。

（2）对于二期路面工程，建安工程费用3.0亿元以内的，宜配置不少于8名持证试验检测人员，其中试验检测师不少于2名。建安工程费用每增加1.0亿元宜增加1名持证检测人员。

3.2.4　人员配备

各单位具体人员配备标准应不得低于合同和相关文件的要求，同时根据工程规模配备试验辅助工至少3名以上。

3.2.5　其他

工地试验室所有人员的姓名、岗位、照片、资格等信息应张贴在办公室墙上，予以公开。

3.3　设备配置

3.3.1　配置要求

（1）工地试验室必须具备相应的技术力量、检测能力、仪器设备、管理水平和试验检测用房。工地试验室应根据母体试验室授权范围内的试验检测项目和参数以及合同约定配置必要的试验检测仪器设备，确保仪器设备性能良好。

(2)仪器设备的功能、准确度和技术指标均应符合规范规程要求。设备配置必须满足工程内容及规模相关需求,对使用频率高的仪器设备在数量上应能满足周转需要。

(3)鼓励配置具有自动采集、监控、储存、处理和打印于一体的智能检测仪器设备;标准养护室应配置全自动温、湿度同步控制设备。

(4)试验室应配备充足的试验辅助器具及工具,且应至少配备1辆性能良好的专用汽车,保证现场取样、外业检测和外委试验检测等工作顺利开展。

(5)试验室应配置必要的计算机、打印机、复印机、扫描仪、照相机等信息化硬件设备及网络通信条件,以满足施工信息、隐蔽工程的影像资料收集、整理、传送的要求。

(6)工地试验室的仪器设备应至少六成新,精度、型号必须符合现行标准、规范的各项要求,且经建设单位、监理单位验收合格。

3.3.2　布局安装

(1)仪器设备布局应遵循操作便捷、便于维护保养、干净整洁的原则。按功能室划分,集中、合理地摆放,以方便现场操作和管理,同时避免相互干扰。对工作环境有特殊要求的仪器设备和贵重仪器应合理布置存放,由专人管理。

(2)设备应按照使用说明书、试验规程等相关要求和操作步骤进行正确安装和调试,并满足安全、环保要求。

(3)若设备需要安设基座与其固定,应在试验室建设时根据布局设计基座,基座顶面应保持水平,待设备就位调平后采用地脚螺栓进行固定,设备离墙体至少保持70cm距离。对基座有隔振要求的应设独立的混凝土台座,周围存在振源时应在地面与台座间设(5mm厚)橡胶垫。

(4)压力机、万能材料试验机等力学设备应设置安装金属防护罩或安全防护网,使用的防护网(罩)应安全、美观、方便操作。产生粉尘或噪声严重的仪器设备(如切石机、磨耗试验机等)应予以隔离安装并标示。

(5)电线、电缆的布设配置应符合有关技术标准、规范的规定,确保输入电压正常,使用安全。实行三级配电,二级保护管理。

(6)各功能室水池上沿宜与操作台等高,水池布置应适用、美观。水泥室、水泥混凝土室、土工室、无机结合料室等应加设沉淀池,防止污水直排而堵塞管道。

(7)标准养护室配置要求:

①标准养护室门口墙体上悬挂试件入出库记录台账。

②标准养护室配置全自动温湿设备,墙体和屋顶应进行防潮和保温处理。

③室内设置两个温湿度表,悬挂于室内对角墙体上。

④在安装调试后,应对整个系统进行校验,确保温湿度控制在要求范围内。

3.3.3　设备验收

(1)仪器设备应有相应的出厂合格证。

(2)各单位应首先进行自检操作演练,确保各仪器设备运转正常及合格达标。

(3)在正式投入使用前,建设单位和总监办应组织仪器性能操作评估检查,宜采用模拟试验的形式进行,保证各仪器性能正常运行。

(4)由项目主管部门组织初步验收,再向盟市(及自治区)质监机构申报,经登记备案后,才能承担所在交通建设工程项目的试验检测工作。施工单位工地试验室由所辖的监理单位进行初步验收,监理单位工地试验室由建设单位或建设单位中心试验室进行初步验收,建设单位中心试验室由建设单位有关部门组织初步验收。

4 工地试验室管理

4.1 制度管理

(1)工地试验室应根据母体机构质量体系的相关要求,并结合工程项目具体特点,充分考虑工地试验室工程现场检测的基本特点,编制简洁、适用、针对性强、可操作性强的各项试验检测制度。

(2)工地试验室应建立的主要基本制度。

①组织与管理机构图。

②工地试验室管理制度(母体机构编制)。

③工地试验室岗位职责[试验室主任、试验检测师、助理试验检测师(原试验检测员)、资料管理员、设备管理员、样品管理员等岗位]。

④试验检测人员管理制度。

⑤仪器设备管理制度(设备操作规定、计量检定、校准、使用、维修、保养等)。

⑥样品、资料、档案管理制度。

⑦化学品(试剂)管理制度。

⑧试验检测记录、报告管理制度。

⑨外委试验管理制度。

⑩不合格品报告制度。

⑪检测事故分析报告制度。

⑫试验室环境、质量、安全管理制度。

⑬试验室廉政制度。

⑭原材料报废制度。

⑮试验检测台账制度。

⑯考勤制度及人员动向登记制度。

⑰标准养护室的管理制度。

(3)工地试验室应建立的主要工作流程。

①试验室人员、设备、试验环境检测工作流程。

②原材料取样工程流程。

③不合格处理流程。

(4)母体机构授权。

①母体机构应按要求规范授权。完整的授权资料,包含授权书,授权母体机构等级证书正副本资料,计量证书正副本资料,母体机构全套质量体系文件(质量手册、程序文件、作

业指导书）等。

②自工地试验室组建起，母体机构每隔6个月至少组织一次由母体主要负责人参加的严格系统监督检查。检查过程应有详细记录，检查结果应有正式通知，工地试验室整改应有具体措施。

（5）工地试验室应加强质量体系文件和各项管理制度的宣贯工作，并积极营造“诚实守信、科学规范”的试验检测文化氛围，将“诚信、科学、客观、严谨、可靠”的理念，融入每一项试验检测活动中。

（6）本章未提及的，可参照现行《公路工程工地试验室标准化指南》《内蒙古自治区高速一级公路工程工地试验室监督管理制度》及本指南系列其他分册等有关规定执行。

4.2　人员管理

（1）工地试验室持证人员实行注册管理，主要试验检测人员必须在授权母体机构进行信息登记注册。

（2）工地试验室应按照规定及时对试验检测人员进行年度信用评价的自评管理。不得聘用上年度信用评价等级较差或很差的试验检测人员。

（3）工地试验室应保持试验检测人员稳定，核定的试验检测人员6个月内不得变更。因特殊情况需要变动的，应由母体检测机构报经建设单位同意，并向项目所在地质监机构备案。试验检测人员变更必须先履行变更手续后再离岗，变更人员的资格条件不得低于原试验检测人员资格条件，且变更率不得超过50%，工地试验室授权负责人擅自离岗或同时任职于两家及以上工地试验室，均视为违规行为。

（4）工地试验室应加强考勤管理，确保应在岗人员全职在岗。监理单位应对施工单位工地试验室人员考勤情况进行抽查，每周至少1次；总监办应对驻地办工地试验室人员考勤情况进行抽查，每周至少1次；建设单位应对总监办中心试验室人员考勤情况进行抽查，每周至少1次。提倡采用人脸识别、指纹考情等技术对应在岗人员进行考情管理，由总监办统一进行采集。

（5）工地试验室应根据自身实际情况，在新设备使用前、新标准或新规范实施前组织技术人员进行集中业务学习。试验室应形成完整的学习记录并归档。

（6）工地试验室组建初期，应对所有检查人员进行母体检测机构质量体系文件、工地试验室各项管理制度的宣贯，并应记录归档。

（7）人员档案应按一人一档的要求进行。人员基本档案资料应包括在岗人员动态清单、人员资格证书、学历证书、职称证书、劳务合同、培训和考核记录等资料。

（8）试验检测人员进行检测作业时宜统一着装并佩戴上岗证，上岗证由建设单位统一形式。

（9）工地试验室实行授权负责人责任制（应为试验室主任）。授权负责人须持有试验检测师证书，对工地试验室运行管理工作和试验检测活动全面负责，授权负责人有以下职责：

①审定和管理工地试验室资源配置，确保工地试验室人员、设备、环境等满足试验检测

工作需要。签发工地试验室出具的试验检测报告,对试验检测数据及报告的真实性、准确性负责,对违规人员有权调离或辞退。

②建立完善的工地试验室质量保证体系和管理制度,包括人员、设备、环境以及试验检测流程、样品管理、操作规程、不合格品处理等各项制度,监督各项制度的有效执行。

③加强试验检测人员职业道德培训和教育,严格遵守国家法律法规和行业管理规定,严守职业道德,独立、规范地开展试验检测工作,保证试验检测数据科学、客观、准确,并对试验检测结果承担法律责任。

④对于签发的涉及结构安全的产品或试验检测项目不合格报告,实行不合格品报告制度。工地试验室授权负责人应在2个工作日之内报送试验检测委托方及建设单位,并抄送项目所在地质监机构,建立不合格试验检测项目台账。

(10)工地试验室应定期组织试验室人员进行学习、培训等活动,并形成培训记录。

(11)对监督检查中发现存在违规、失信行为的工地试验室或试验检测人员,限期整改,情节严重者,停止工地试验室的试验检测活动,将相关责任人或工地试验室清退出场。

4.3 试验仪器设备管理

(1)工地试验室的仪器、设备必须符合现行标准、规范、规程的使用要求,且投入的试验检测仪器设备数量、型号、性能必须满足合同约定及现场试验检测需要。

(2)仪器设备检校。

①开工前,工地试验室试验仪器、设备应按内蒙古自治区管理要求报质量技术监督部门进行校验和标定。

A.仪器设备安装完成,强制性检定仪器由符合条件的计量认证部门对其进行标定。

B.列入公路工程专业设备清单的仪器设备由公路专门设备计量检定部门进行校准。

C.其他设备、器具应按要求进行自检自校。自检自校应具备专人、专门器具及编制的检校规程等基本条件。

D.仪器设备检校(含自检自校)覆盖率应达到100%。

E.工地试验室应编制仪器设备的检校或自校计划并按期实施。检校周期不得超过规定时限。

F.设备必须经检定、校准或自校合格后方可投入使用。校准类设备应按要求执行确认程序。

②在使用过程中,应当严格执行操作规程和有关的安全规章制度,并按规定对仪器设备进行经常性的校准和检定,并实行标识化管理。在检定周期内,仪器设备如存在修理、搬运、移动等情况,应重新进行检校;对于性能不稳定、使用频率高和经常携带运输至现场进行检测以及在恶劣环境下使用的仪器设备应进行期间核查。

(3)仪器设备使用。

①仪器设备使用前,检测人员应仔细阅读使用说明书,并查看检定、校准或自校记录,以便了解设备性能。

②使用时应按要求填写设备使用记录。

③设备使用过程中，检测人员应注意人身和设备安全，使用完毕应断电并进行必要的常规保养，保持仪器设备的清洁。

④试验仪器设备，不论使用与否，均应定期或不定期进行维护保养并记录。

⑤对于闲置和报废的仪器设备，应按有关规定做好相应登记。

⑥对用于自校验、期间核查的参考标准（标准砝码、温度计、尺、百分表等）或有证标准物质（标准粉、标准物质、标准样等）应由专人保管，并对使用维护情况进行记录。

（4）仪器设备档案管理。

①工地试验室应建立仪器设备管理档案和台账制度，并做好使用和维护记录。其中设备管理档案应按一机一档要求进行。设备基本档案资料主要包括设备台账，设备履历表，设备说明书，出厂合格证，历年历次检校证书或记录，设备检校合格确认表，使用、维修保养期间核查记录等。

②工地试验室的仪器设备如果从母体试验室调配，设备档案的原件可由母体试验室留存，工地试验室将必要的资料复印件带到工地试验室即可；仪器设备如果为工地新购置的，则应按照以上要求建立完整档案；工程结束后，可将档案原件和新增加的资料归回母体或购置单位。

4.4　检测环境管理

工地试验室应建立环境管理制度，对各功能室的采光、卫生、温度、湿度、噪声、振动、污染等进行严格管理和控制。

（1）试验室产生的废液、废气、废渣应保证安全排放。试验废水必须经沉淀处理方可排放，化学废液进行中和、消毒处理后方可排放，严禁直接排放。试验固体废弃物，应集中存放，定期清理到指定位置，不得随意摆放、到处乱扔。

（2）试验室环境条件应明确责任人进行日常维护，试验室室内环境应保持整洁卫生，试验废弃原材料回收或存放应满足环保要求，对电磁干扰、灰尘、振动、电源电压等应严格控制，对发生较大噪声的检测项目应采取隔离措施。

（3）检测人员对检测环境应按现行有效的标准规范进行严格监测并做好记录，对要求在特定环境下储存的样品、试件和其他材料，应严格控制环境条件。易燃、易潮和有毒的危险样品应隔离存放，做出明显标记。确保试验检测温度、湿度要求及检测安全。

（4）工地试验室的水、电、火、气等也应建立切实可行的管理和检查制度，并应有专人管理，并定期对防火设备进行检查，确保始终有效。

4.5　检测工作管理

（1）工地试验室应配备发电机组，保证试验检测工作正常、连续。试验室电路应为独立专用线，在总闸及力学室、标准养护室应安装漏电保护器。

（2）工地试验室必须根据项目工程内容及授权参数搜集齐全相关的现行有效的规程、规范及标准。对搜集到的标准进行控管，并定期建立本试验室的标准清单；当规程、规范及标准过期作废，试验室应及时更换，并通知试验室人员和相关部门停止使用，在标准清单中做好记录。

(3)取样管理。

①施工单位工地试验室在收到项目材料物资部门的材料进货通知后，监理单位工地试验室在收到施工单位相关材料报验单后应及时对材料进行取样。

②取样方法应符合规范、规程要求。取样数量应满足试验检测的需要，同时考虑留样数量的要求。

③取样应有取样记录。取样记录包含取样时间、地点、样品规格型号、进场(代表)数量、样品标号等基本信息。取样人、见证人必须在取样记录上签字，确保产品与样品统一，取样表由建设单位统一制订。

④取样应建立台账。取样台账、取样记录应与试验原始记录、报告一并存档。

⑤监理单位抽检取样应由监理试验室检测人员抽取，严禁由施工单位代取。

⑥特殊材料的取样和送检工作，可根据项目的有关规定，由建设单位组织施工单位、监理单位、中心试验室联合见证取样送检，委托具有相应资质的试验检测机构进行检验。

(4)样品管理。

工地试验室应建立样品管理制度，对样品的标识、流转、留样与处置全过程实施严格控制和管理。

①样品应有专人负责管理。样品在检测后应予部分保留，以备复查核实。在运输过程中应保证样品不受损、不丢失，保证不会影响样品的完整性和试验检测结果的准确性。如遇样品意外损坏或丢失，应在原始记录中说明，并向试验负责人报告。

②工地试验室应配备专门的样品间或样品柜(架)，且卫生、清洁、干燥、通风良好，防火、防盗设施齐全；样品应分类存放，标识清晰，做到账样统一；样品的储存环境应安全，无腐蚀、无鼠害，且温、湿度符合样品储存要求。

③工地试验室应建立统一的样品编号规则，对样品进行编号和识别管理。识别信息应包含样品名称、规格型号、样品编号及样品状态(待检、在检、已检或留存)。样品识别标志应清晰、准确，与样品或样品包装包裹物接触牢固、紧密。材料和样品标签宜采用：12cm×8cm，白底黑字，桶装和瓶装样品直接正面粘贴，袋装样品直接粘贴在相同尺寸的硬板上，然后用细铁丝绑扎于袋口处；混凝土试件标识，最后一次抹面后用铁丝或钢钉刻在试件表面，其内容为构造物名称(可用字母代号)、构件部位、强度等级和制作日期。

④对于水泥、外加剂、外掺料等样品，试验室应另外留样作为复检样品。在对样品进行有效密封后进行编号、贴上封条，封条上应做好识别标志。一般情况下留样保存时间不少于90d；现场取芯等样品应根据工程进度自行确定留样期限；水泥混凝土等试件残体保留期限一般不少于30d；所有不合格样品应长期保留，直到处理意见闭合，相关单位批准后方可处置。

⑤样品存储环境应满足相关要求。对要求在特定环境下储存的样品，应严格控制环境条件；有毒，有害及易燃物品应设专区隔离存放，做出明显标记，并应执行双人保管制度，严格按照规程操作。

⑥试验样品在试验完成后、留样样品在留样时间到期后,应按环境管理要求进行处理。

⑦监理单位抽检的水泥混凝土等样品不可在施工单位试验室进行相关试验、检测。

⑧试验室应建立样品台账、样品出入库登记台账。

⑨除样品留存外,其余废弃、不合格材料必须48h内处理、运离工程项目。

(5)记录与报告。

工地试验室应建立试验检测记录、报告管理制度,严格按照相关技术标准、规范要求和规定的程序,及时、规范填写各项记录,出具试验检测报告,保证试验检测数据和结果客观、准确。

①记录分管理和技术记录:管理记录相对较少,主要以人员、设备、标准规范、化学品(试剂)等管理为主;技术记录包括与试验检测工作有关的仪器设备使用、环境监控、现场取样、试验检测原始记录等。记录按介质可分为纸质记录、照片和影像记录、电子文件。记录主要有表格和文字等形式,必要时还有实物样品、照片、录像、计算机磁盘等。

②记录具有溯源性、真实性、完整性和准确性。记录的填写、更改、保存等应符合有关规定,保证记录填写及时、规范,信息齐全、完整,相互衔接、对应,能够有效溯源已经过去的试验检测管理和技术活动过程。

③原始记录应包含足够信息,以保证能够复现检测活动的全部过程。原始记录包括试验检测环境条件、设备运行状态、样品信息、试验过程原始数据等基本信息。

④原始记录应统一格式,应按照项目规定格式(原始记录本或专用表格)规范填写,不得漏记、补记、追记、转记,不允许记录在草稿纸上再进行转抄,以使记录保持其原始性;仪器设备自动打印的数据,作为原始数据应与试验检测记录表一并保存。

⑤原始记录必须清晰、工整,更正时应采用"杠改"方式,更正人应在"杠改"处盖章或签名。

⑥试验报告、原始记录一律用蓝、黑钢笔或签字笔书写,文字、数字字迹清晰端正,名词、术语使用统一规范、准确。其中数据修约应符合相应规范、标准要求,试验报告结论表述应规范、准确。

⑦工地试验室的试验检测数据报告格式和要素、记录表和报告的编制应符合现行《公路试验检测数据报告编制导则》和相关试验规程的规定,或直接使用符合导则要求的试验检测数据处理软件,记录和报告的填写内容、方法可参照现行《公路试验数据报告编制导则释义手册》填写示例。

(6)试验检测工作管理。

①工地试验室只能从事母体机构授权参数范围内的工地检测活动,不得超业务范围开展检测工作。

②试验过程应严格按规程及作业指导书相关要求进行。

③试验检测频率必须达到规定的频率要求。工地试验室应实行留样制度及样品保存制度。

④工地试验室应建立原材料进场检验、标准试验、现场抽样试验、工艺试验、验收试验、外委试验、检测不合格报告和试验检测报告汇总等台账,监理单位试验室应建立受控项目

的抽检台账。试验台账应及时、规范地进行登录。

⑤工地试验室建立的“样品—设备运行—试验”等台账应有相对应的共同信息,方便查阅。各种台账及试验记录和报告中反映的相关信息应完全一致。

⑥工地试验室、检测人员严禁编造虚假数据、记录和报告。

⑦报告的审核签发应按工地试验室相关规定执行,严禁代签行为。

⑧试验不合格报告应单独归档整理存放,并按要求建立不合格品试验台账,同时收集相应不合格原材料、实体的处理说明或整改报告归档。

⑨超出授权范围的检测参数应进行外委。外委材料取样应进行见证。取样数量应满足试验要求,委托参数、试验频率应满足规范和招标文件要求;外委单位应为符合资质要求的单位。外委试验应建立台账,方便查阅。

⑩各功能室均应在相应仪器后面墙面悬挂温湿度记录表、仪器运转使用及维修保养记录表。

⑪工地试验室应按相关要求做好文件的收发、登记和流转工作。试验室档案资料应有专人负责管理。试验资料归档应分类明确、整齐有序、条目清晰。出具的各类试验报告、施工配料单等签认资料,应及时规范归档。签字不齐全、记录或报告不完整的资料不得归档。试验资料应记录完整,真实有效,杜绝虚假资料。

⑫建设单位应定期组织项目所有工地试验室开展试验对比工作。工地试验室应积极参加质监机构、项目建设单位组织的试验对比、技能竞赛等活动,加强岗位技术培训,持续提高试验室整体业务水平。

⑬鼓励和推行工地试验检测信息化管理。

4.6 试验室监督管理及信用评价

(1)母体试验检测机构应加强对授权工地试验的管理和指导,根据工程现场管理需要或合同约定,对工地试验室进行授权,合理配备工地试验室试验检测人员和仪器设备,制订工地试验室授权负责人管理制度,对工地试验室试验检测结果的真实性和准确性及人员的从业行为负责;每年现场检查不得少于 2 次,检查过程应有记录,检查结果应有落实和反馈。

(2)建设单位应加强对工地试验室试验检测工作的监督检查,每年现场检查不得少于2次,并将检查结果报所在地质监机构,同时应按照现行《公路水运工程试验检测信用评价办法(试行)》(交质监发〔2009〕318 号)对工地试验室、授权负责人进行信用评价。

(3)质监机构应建立公路建设项目工地试验室授权负责人专用信息库,并加强工地试验室监督检查,按照现行《公路水运工程试验检测信用评价办法(试行)》(交质监发〔2009〕318 号)对工地试验室、试验检测人员、授权负责人以及其母体试验检测机构进行信用评价。

(4)对监督检查中发现存在违规、失信行为的工地试验室或试验检测人员,限期整改;情节严重者,停止工地试验室的试验检测活动,将相关责任人或工地试验室清退出场。

工地试验室授权负责人信用等级被评为信用较差的,2 年内不能担任工地试验室授权负责人;信用等级被评为信用很差的,5 年内不能担任工地试验室授权负责人。

工地试验室信用评价结果小于等于70分的，其授权负责人2年内不能担任工地试验室授权负责人。

(5)任何单位和个人都有权向质监机构投诉或举报违法违规的试验检测行为。

5 标识标牌与安全

5.1 标识

(1)试验室人员在进行试验操作时宜统一穿戴工作服,统一工作标识。

(2)工地试验室的所有仪器设备应实行标识管理,包括管理和使用状态两种标识。标识应统一形式和格式,方便管理。

(3)仪器设备的管理标识,内容包括设备名称。设备标号、规格型号、出厂标号、生产厂家、购置日期、管理人员(与仪器设备管理档案中的信息应一致),尺寸为6cm×9cm,管理卡可用硬质材料和普通纸张塑封制作,其具有不易变形且可重复利用的优点,将管理卡固定在仪器设备上;对于小型仪器,可以做成小吊牌系在仪器设备上。

①所有配置的仪器、设备、量具应具有唯一性编码标志。

②仪器、设备、量具实施“绿、黄、红”三色状态标识,尺寸为3cm×5cm,其使用定义如下。

A.合格标识(绿色):适用于经检定或校准或验证后达到使用量值和功能要求的仪器设备、量具。

B.准用标识(黄色):适用于某一功能或某一指标达不到仪器本身要求,但又可以限制使用的仪器、设备。

C.停用标识(红色):适用于仪器设备损坏,经检定或校准或验证技术指标达不到使用要求的;超过检定或校准或验证周期的;怀疑仪器设备有失准问题的,封存备用的。

5.2 标牌

(1)工地试验室的标志、标牌主要包括单位名称牌匾、各工作室门牌、组织机构框图,岗位职责、管理制度和操作规程等上墙图框,安全、环保标志,各类明示标志等。

(2)试验室宜采用统一规格的铜制金底黑字标牌悬挂在大门口或中心等醒目位置,尺寸宜为80cm×60cm,牌匾内容与工地试验室印章内容一致,为“母体试验检测机构名称+建设项目合同段名称+工地试验室”,底边距地面高度宜为160cm。当设有分试验室时,分试验室匾牌应追加上“第×分室”,印章则与工地试验室相同,且由建设单位或母体试验室监制。

(3)办公室应悬挂组织机构框图、岗位职责、主要管理制度、晴雨表、人员考勤表、工程形象进度图、人员动向表等图表,功能室应悬挂主要仪器设备的操作规程等框图,尺寸宜为60cm×90cm,宜采用蓝底白字,黑体。框图可根据实际内容适当对宽度进行调整,图表字体应工整、清晰,整体布局应协调、美观,框图底边距地面高度宜为150cm。

(4)各功能室应悬挂统一规格的铜制门牌标识;尺寸宜为20cm×10cm,居中布置在距门顶上缘10cm处。

(5)样品室应悬挂材料标牌,尺寸宜为30cm×20cm,内容包括样品名称、规格型号、产地等信息,标识牌底边距地面高度宜为150cm。

(6)对有安全和环境条件要求的区域、功能室,如试验检测工作区域、有毒有害气体、消防设施、废旧物品存放区等,宜设置醒目的安全、环保等标志:试验区域、有毒有害气体存放处应设置醒目的禁止、指令标志;消防设施存放处应设置提示标志;废旧物品存放区应设置明示标志。

(7)试验室外墙应设置宣传栏和责任公示栏。

(8)标牌、标志制作材料应结实、不易变形且可重复利用;标牌颜色和字体应考虑整体和视觉效果,要美观大方、整体协调。

5.3　安全

工地试验室安全防护应严格执行国家和行业有关规定,同时按照建设项目的统一安排部署,认真做好试验室和有关人员的安全防护工作。试验室应有相关的应急预案和必要的应急救援器材和设备。

(1)试验室用电应符合现行《施工现场临时用电安全技术规范》(JGJ 46—2005)的规定,制订安全用电技术措施和电气防火措施。

(2)用电设备实行"一机一闸一漏一箱"制,不得用一个开关直接控制两台及以上的用电设备;漏电保护器应符合现行国家标准《剩余电流动作保护电器的一般要求》(GB/Z 6829—2008)的规定,并与用电设备相匹配。

(3)工地试验室应配备必要的安全防护、防盗设施,确保人员和设备安全,防止人身伤害、设备和各种档案资料失窃而影响检测工作的正常开展。

(4)试验室各功能室必须有消防设施:在可燃固体、液体、气体等物质存在的场所按相应规范配置灭火器(不应少于2具),每个试验室应备有不少于0.5m^3消防沙,还应备有足够数量的消防桶、锹等消防工具。消防设施存放处应设立提示标志。

(5)试验室应设置废弃池,主要收集固体废弃物。对于有毒的固体废弃物必须专门储存、专门运输;各功能室电源插头应高出地面130cm以上,防止工作时进水漏电或触电。

(6)工地试验室应重视试验人员的劳动保护工作,化学室、沥青室、沥青混合料室及强噪声工作间应配置相应的防护用具,同时沥青及沥青混合料室宜安装大功率通风橱或排气扇;高温操作、危险化学品使用或电气维修等均应佩戴相应的防烫、防腐、绝缘等劳动防护用品。

(7)资料室应配置专用金属柜,应具有防潮、防虫、防盗及通风要求。储存易燃、易爆危险品的化学室应安装避雷设施。

(8)试验区域、有毒有害气体存放处,应设置禁止、指令标志。对限制人员进入的工作区应在明显位置设置提醒标志。

(9)压力机、万能材料试验机等大型力学设备应安装相应的安全防护网,防护网网眼尺寸不宜大于 10mm×10mm。防护设施应牢固可靠,操作方便。

(10)强化试验室人员健康、安全与环境保护意识和技能培训,为其提供必要的安全防护用具、器材和应急逃生装备。

(11)试验废弃原材料回收或存放应符合环保要求;试验室室内环境应保持整洁卫生,满足相关试验要求。

(12)对电磁干扰、灰尘、振动、电源电压等进行严格控制,对发生较大噪声的检测项目采取隔离措施。

(13)当工地试验室为独立庭院时,应设置门卫安保措施。

(14)本章未提及的,请参照本指南《工地建设》《安全生产》分册有关要求执行。

附录 A

内蒙古自治区高速一级公路工程工地试验室监督管理制度

第一章　总　　则

第一条　为了加强对全区高速、一级公路工程工地试验室管理，规范现场试验检测工作，确保我区高速、一级公路工程建设质量，根据交通运输部《公路水运工程试验检测管理办法》（交通部令〔2005〕第 12 号）、《关于进一步加强公路水运工程工地试验室管理工作的意见》（厅质监字〔2009〕183 号）、《关于印发公路水运工程试验检测信用评价办法（试行）的通知》（交质监发〔2009〕318 号）、《交通运输部办公厅关于印发工地试验室标准化建设要点的通知》（厅质监字〔2012〕200 号），结合我区实际，制定本制度。

第二条　本制度适用于内蒙古自治区高速、一级公路，其他公路参照执行。

第三条　工地试验室是指公路工程建设过程中，建设单位、施工单位、监理单位为质量控制和评判工作需要，在工程现场设立的临时试验室，是工程建设质量保证体系的重要组成部分。

第四条　工地试验室的监督管理，实行统一指导、分级管理原则。内蒙古自治区交通建设工程质量监督局是自治区高速、一级公路工程工地试验室监督管理牵头单位，全面负责组织、协调、指导高速、一级公路工程工地试验监督管理工作；盟市公路工程质量监督站具体负责本行政区域内高速、一级公路工程工地试验室现场监督管理工作。

第五条　工地试验室必须严格执行国家、交通运输部、自治区交通主管部门颁布的现行有效相关法律、法规和工程技术标准、规范、规程，遵循科学、客观、严谨、公正的原则，独立开展试验检测活动，为公路工程建设质量控制提供客观、公正、真实、准确的试验检测数据和报告，任何单位和个人不得干预工地试验室独立、客观地开展试验检测活动。

第二章　工地试验室的设立和验收

第六条　设立工地试验室的公路建设项目，建设单位应根据工程特点，将工地试验室标准化建设相关要求纳入招标文件，并明确工地试验室的检测能力、人员、仪器设备配备要求，督促中标单位保证工地试验室的投入。

第七条　取得质监机构核发的试验检测机构《等级证书》的施工、监理单位根据工程质量安全管理需要或合同约定，在工程现场自行设立工地试验室；工地试验室应按合同段单独设立，工程规模过大时应设立分试验室。同一合同段内施工、监理单位的工地试验室不得由同一家母体检测机构授权设立。

第八条　设立工地试验室的母体试验检测机构应当在其《等级证书》核定的业务范围

内,根据工程现场管理需要或合同约定,对工地试验室进行授权,授权内容包括工地试验室可开展的试验检测项目及参数、授权负责人、授权工地试验室的公章、授权期限等。“公路水运工程工地试验室设立授权书”(见附件 A-1)应加盖母体试验检测机构公章及等级专用标识章。上年度信用评价等级在 C 级及以下的检测机构不宜作为授权设立工地试验室的母体检测机构。

第九条　设立工地试验室驻地建设、人员、仪器设备、环境要求:

(一) 驻地建设

1.工地试验室选址应充分考虑安全、环保、交通便利及工程质量管理要求等因素,规划时应遵循总体布局合理、功能分区明确、组织协调顺畅的原则,并将工作区和生活区分开设置,工作区总体上可分为功能室、办公室和资料室三部分。

2.工地试验室须设置在安全、坚固房间内,功能室地面应平整、防滑、耐磨,并根据需要砌筑牢固平整、尺寸统一的试验操作台,各室应布局合理且独立分区,干净整洁,室内通风、采光好,标示标牌信息齐全规范,上墙图表格式统一醒目。

3.工地试验室应综合考虑供电、排水、消防等设施,采用独立的专用线路集中配电,并设置应急电源,设置较完善的排水设施,配备必要的应急水源。水泥混凝土室、石料室等房间地面应设置水槽和沉淀池;化学室、沥青及沥青混合料室应设置机械强制通风设施。

4.工地试验室根据检测工作需要和当地气候特点设置集中采暖设备、集中空调或分散式空调等设施,对有温度、湿度条件要求的功能室,必要时可进行吊顶处理,提高保温保湿效果;并配备必要的安全防护、防盗和环保设施,确保人员和设备安全,避免造成环境污染。

5.工地试验室各功能室应按实际需要配置,且配置的功能室面积最低应满足以下要求:

工地试验室各功能室设置基本要求

序号	功能室名称	配备标准(m^2)		环境要求	备注
		监理单位	施工单位		
1	土工室	20	20	应配置温度控制设备	
2	集料室	15	15	应配置温度控制设备	磨耗机应隔离
3	水泥室	20	20	应配置温湿度控制设备	
4	水泥混凝土室	20	20	应配置温湿度控制设备,完善排水设施	
5	力学室	20	20	应配置温度控制设备	
6	标养室	20	25	应配置温湿度控制设备,完善排水设施	专用设备
7	无机结合料室	20	20	应配置温度控制设备	
8	沥青室	20	20	应配置温度控制设备和机械强制通风设备	

续上表

序号	功能室名称	配备标准(m^2)		环 境 要 求	备 注
		监理单位	施工单位		
9	沥青混合料室	25	25	应配置温湿度控制及大功率排风设备	对有沥青混凝土的项目需增加一间不低于 $10m^2$ 的化学室
10	检测设备室	10	10	配仪器架	
11	样品室	15	15	应按照样品状态分区	
12	档案资料室	15	15	应有防虫、防潮措施	
13	办公室	35	30	根据试验室人数配置，人均不小于 $6m^2$，并设置防暑降温、取暖设施	
14	会议室	20	20	满足 20 人开会的要求，若设置在施工单位项目部或总监办驻地，可不另设会议室	

（二）人员配备

1.工地试验室配备人员要满足现场实际需求，高速、一级公路建设项目工地试验室持试验检测证人员不少于 6 人，持试验检测师资格证书人员不少于 2 人。

2.工地试验室人员专业配置合理，能涵盖工程涉及专业范围和内容，并应注册登记在母体检测机构，且不得同时受聘于两家或两家以上的工地试验室。工地试验室所有人员的姓名、岗位、照片、资格等信息应张贴在办公室墙上，予以公开。

3.工地试验室授权负责人必须是母体试验检测机构委派的正式人员，且须持有试验检测工程师资格证书。母体试验检测机构不得委派信用较差或很差的试验检测人员担任授权负责人，不得聘用信用很差的试验检测人员从事试验检测工作。

（三）仪器设备

1.工地试验室投入的试验检测仪器设备数量、型号、功能、准确度和技术指标必须符合招标文件或合同文件约定和现行有效规范、规程要求，并能满足现场试验检测要求，仪器设备经检定/校准或功能检验合格后方可投入使用，对于性能不稳定、使用频率高和进行现场检测的仪器设备，以及在恶劣环境下使用的仪器设备，应进行期间核查。

2.仪器设备应实施标识管理，分为管理状态标识和使用状态标识：管理状态标识包括设备名称、编号、生产厂商、型号、启用日期、操作人员和保管人员等信息（格式为 6cm×9cm）；使用状态标识分为“合格”“准用”“停用”三种，分别用“绿”“黄”“红”三色标签进行标识，状态标识包括检定/校准日期、检定/校准单位、设备编号、保管人员等信息（格式为 3cm×5cm）。

第十条　工地试验室设立实行登记备案制

经母体试验检测机构授权设立的工地试验室，应当填写《公路工程工地试验室备案登记表》（见附件 A-2），经建设单位初审合格后报送项目所在地盟市质监机构登记备案。

国家和自治区投资的高速、一级公路建设项目经所在地盟市质监机构审核合格后，由建设单位报送至区质监机构登记备案,区质监机构组织对申请材料符合要求的工地试验室进行现场核查,对通过备案的工地试验室由区质监机构出具《公路工程工地试验室备案通知书》(见附件 A-3、附件 A-4)。

第十一条　不具备《公路工程工地试验室备案通知书》的工地试验室出具的试验检测数据无效。

第三章　工地试验室活动的监督管理及信用评价

第十二条　工地试验室应建立、健全各项工作制度和管理制度,并应实行明确的责任分工,按照母体试验检测机构质量管理体系的要求,建立完整的试验检测人员档案、仪器设备管理档案和试验检测台账,且应格式统一、简洁适用、信息齐全,并严格按照试验检测规程操作,做到试验检测台账、仪器设备使用记录、试验检测原始记录、试验检测报告相互对应;档案资料应及时填写、整理和分类归档,便于管理和查询。

第十三条　试验检测数据报告的格式和要素、记录表和报告的编制应符合《公路试验检测数据报告编制导则》(JT/T 828—2012)的规定。试验记录一律用蓝、黑色钢笔或签字笔书写,字迹应清晰、工整,试验报告结论表述应规范、准确,并记录在统一印制的原始记录本或专用表格上,不允许记录在草稿纸上再进行转抄,无原始记录的试验报告视为无效报告,若原始记录需更正时,应采用标准"杠改法"并由更正人签字。

第十四条　工地试验室试验检测报告签字人必须是持证的试验检测人员,试验检测报告应由试验检测工程师签发,试验检测报告应加盖工地试验室印章,印章包含的基本信息有:母体试验检测机构名称+建设项目标段名称+工地试验室(印章式样统一为长方形)。

第十五条　工地试验室应在母体试验检测机构授权的范围内,为工程建设项目提供试验检测服务,不得对外承揽试验检测业务;严格按试验规程规定的方法进行独立的取样和试验,不得相互代为取样或试验;也不得对试件相互代为养护或保存。

第十六条　对于超出母体授权范围内的试验检测项目、参数,或必须外委试验的如桥梁橡胶支座、钢绞线、锚具、混凝土外加剂等应进行外委试验,外委试验取样、送样过程应进行见证,工地试验室应对外委试验进行登记备案,并将试验结果进行确认,同时向项目建设单位报备。

第十七条　接受外委试验的检测机构应取得《公路水运工程试验检测机构等级证书》(含相应参数)、通过计量认证(含相应参数)且上年度信用等级为 B 级及以上。工地试验室应将接受外委试验的检测机构的有关证书复印件存档备查。同一合同段中的施工、监理单位、检测机构不得将外委试验委托给同一家检测机构。

第十八条　工地试验室应制定样品管理制度,对样品全过程实施严格的控制和管理。样品应进行唯一性标识,标识信息应完整、规范,并标明流转状态,确保在流转过程中不发生混淆且具有可追溯性。

第十九条　试验结束后,工地试验室应按有关规定对试验样品进行处置,处置过程应符合安全和环保要求。如需留样,样品的留存方法、数量和期限等应符合有关规定,留存样品应有留样记录。

第二十条　工地试验室实行授权负责人责任制。工地试验室授权负责人对工地试验室运行管理工作和试验检测活动全面负责。

授权负责人有以下职责：

（一）审定和管理工地试验室资源配置，确保工地试验室人员、设备、环境等满足试验检测工作需要。签发工地试验室出具的试验检测报告，对试验检测数据及报告的真实性、准确性负责，对违规人员有权辞退。

（二）建立完善的工地试验室质量保证体系和管理制度，包括人员、设备、环境以及试验检测流程、样品管理、操作规程、不合格品处理等各项制度，监督各项制度的有效执行。

（三）严格按照国家和行业标准、规范、规程以及合同的约定独立开展试验检测工作。有权拒绝影响试验检测活动公正性、独立性的外部干扰和影响，保证试验检测数据客观、公正、准确。

（四）实行不合格品报告制度，对于签发的涉及结构安全的产品或试验检测项目不合格报告，工地试验室授权负责人应在 2 个工作日之内报送试验检测委托方，抄送项目所在地质监机构，并建立不合格试验检测项目台账。

第二十一条　母体试验检测机构应加强对授权工地试验的管理和指导，根据工程现场管理需要或合同约定，对工地试验室进行授权，合理配备工地试验室试验检测人员和仪器设备，制定工地试验室授权负责人管理制度，对工地试验室试验检测结果的真实性和准确性及人员的从业行为负责；每年现场检查不得少于 2 次，检查过程应有记录，检查结果应有落实和反馈。

第二十二条　工地试验室授权的负责人、试验检测项目及参数或试验检测持证人员进行变更时，需由母体试验检测机构提出申请，经建设单位同意后，报项目所在地质监机构备案，变更人员的资格条件不得低于原试验检测人员资格条件，且变更率不得超过 50%，工地试验室授权负责人擅自离岗或同时任职于两家及以上工地试验室，均视为违规行为。

第二十三条　建设单位应加强对工地试验室试验检测工作的监督检查，每年现场检查不得少于 2 次，并将检查结果报所在地质监机构，同时要按照《公路水运工程试验检测信用评价办法》对工地试验室、授权负责人进行信用评价。

第二十四条　质监机构应建立公路建设项目工地试验室授权负责人专用信息库，并加强工地试验室监督检查，按照《公路水运工程试验检测信用评价办法》对工地试验室、试验检测人员、授权负责人以及其母体试验检测机构进行信用评价。

第二十五条　对监督检查中发现存在违规、失信行为的工地试验室或试验检测人员，限期整改，情节严重者，停止工地试验室的试验检测活动，将相关责任人或工地试验室清退出场。

工地试验室授权负责人信用等级被评为信用较差的，2 年内不能担任工地试验室授权负责人；信用等级被评为信用很差的，5 年内不能担任工地试验室授权负责人。

工地试验室信用评价结果小于等于 70 分的，其授权负责人 2 年内不能担任工地试验室授权负责人。

第二十六条　任何单位和个人都有权向质监机构投诉或举报违法违规的试验检测行为。

第四章　附　　则

第二十七条　本办法由内蒙古自治区交通运输厅负责解释。

第二十八条　本办法自发布之日起施行,原《内蒙古自治区高速一级公路工程工地试验室监督管理制度(试行)》同时废止。

附件 A-1

公路水运工程工地试验室设立授权书

编号：

因＿＿＿＿＿＿＿＿＿＿＿＿＿＿＿＿＿工程建设的需要，决定设立＿＿＿＿＿＿＿＿工地试验室，授权启用试验室公章：＿＿＿＿＿＿＿＿＿＿＿＿＿＿＿＿＿＿。

授权＿＿＿＿＿＿同志为试验室负责人（检测工程师证书编号：＿＿＿＿＿＿＿＿），负责工地试验室的管理工作。

授权开展的试验检测项目及参数为：＿＿。

授权有效期：＿＿＿＿年＿＿月＿＿日至＿＿＿＿＿＿＿＿＿＿＿＿＿＿＿＿。

授权机构等级专用标识章：

检测机构：　　　　　（章）

授权人单位负责人签字：

年　　月　　日

附件 A-2

公路水运工程工地试验室备案

登　记　表

工地试验室：______________________（章）

备案日期：________年______月______日

内蒙古自治区交通建设工程质量监督局制

填表须知

一、本表统一采用A4尺寸纸张，内容必须打印，检测机构对填表内容的真实性、可靠性负责。

二、本表可复印，填写的内容受表格限制时，可按本表格格式增加附页，但须连同正页编第＿页，共＿页。

三、“所属法人机构”指的是工地试验室母体检测机构，若母体检测机构不是独立法人，则填写其所属的法人机构。

一、工地试验室综合情况

项目情况	工地试验室名称			工程投资		
	项目业主单位		联系人		电话	
	工地试验室设立单位		联系人		电话	
母体检测机构情况	母体检测机构及法人机构名称			等级及编号		
				计量认证编号		
	法人代表			联系方式		
	行政负责人			联系方式		
	技术负责人			联系方式		
	质量负责人			联系方式		
工地试验室情况	工地试验室详细地址			电话		
				传真		
				邮编		
				电子邮箱		
	持试验检测人员证书总人数			持试验检测工程师证书人数		
	相关专业高级职称人数			试验检测用房总面积（m^2）		
工地试验室授权业务范围						

二、工地试验室试验检测业务范围表

第　页共　页

序号	试验检测项目及参数	采用的试验检测方法和标准(名称/编号)	所用主要仪器设备名称	设备编号	主要操作人员	备　注

注:按照委托合同约定及检测机构授权范围填写。

三、工地试验室授权负责人简历

<table>
<tr><td>姓名</td><td></td><td>性别</td><td></td><td>出生日期</td><td colspan="2"></td><td rowspan="4">照片</td></tr>
<tr><td>学历</td><td></td><td>职称</td><td></td><td colspan="2">从事试验检测工作年限</td><td></td></tr>
<tr><td colspan="3">试验检测师证书编号</td><td colspan="4"></td></tr>
<tr><td colspan="3">工作单位及职务</td><td colspan="4"></td></tr>
<tr><td>本人主要试验检测工作经历和业绩</td><td colspan="7">本人签名：</td></tr>
</table>

四、工地试验室在岗人员一览表

序　号	姓　名	性　别	出生年月	学历和专业	职　称	检测人员证书编号	从事试验检测年限

五、工地试验室试验检测仪器设备一览表

设备编号	设备名称	型号规格	生产厂家	购置日期	单价（元）	量程或规格	准确度	检定/校准周期	检定/校准单位	最近检定/校准日期	保管人	备注

六、相关资料

1.工地试验室设立授权书；
2.工地试验室在岗人员学历、职称、检测证书复印件；
3.工地试验室授权负责人的聘用证明；
4.母体检测机构等级证书及计量证书复印件。

七、备案审核意见

母体检测机构意见	（公章） 年　　月　　日
项目建设单位意见	（公章） 年　　月　　日
盟市所在地质监机构备案审核意见	
备案审核质监机构意见	（公章） 年　　月　　日
备注	

附件 A-3

公路水运工程工地试验室备案通知书

编号：

________________________工地试验室：

你试验室报送的《公路水运工程工地试验室备案登记表》及相关资料收悉。经审核，满足《公路水运工程试验检测管理办法》（交通部令 2005 年第 12 号）有关规定，同意备案，具体试验检测项目及参数，详见附表。

你试验室应严格按照有关标准、规范、规程和授权范围，客观、公正、独立开展检测工作，并对所出具的检测报告和检测结果的真实性和准确性负责。相应责任由母体检测机构及你试验室授权负责人承担。

特此通知。

审核质监机构（章）

年　月　日

附件 A-4

公路水运工程工地试验室备案通知书

编号：

项目名称+标段+施工或监理名称工地试验室，你试验室经审核验收合格，满足《公路水运工程试验检测管理办法》（交通部令 2005 年第 12 号）有关规定并登记备案，具体试验检测项目及参数详见《公路水运工程工地试验室备案通知书》附件。

你试验室应严格按照有关标准、规范、规程和授权范围，客观、公正、独立开展检测工作，并对所出具的检测报告和检测结果的真实性和准确性负责。相应责任由母体检测机构＿名称＿及你试验室授权负责人＿姓名＿承担。

发证机关：

发证日期：

附录 B

工地试验室功能室设置与配置明细参考表

工地试验室功能室设置与配置明细参考表 附表 B-1

序号	功能室	主要试验检测参数	主要仪器设备配备	环境要求
1	土工室	颗粒分析、界限含水率、最大干密度、最佳含水率、CBR	鼓风干燥箱，电子天平(0.01g、0.1g、1g)，光电液塑限联合测定仪，土壤筛，电动击实仪，脱模器，CBR 试验仪及配套装置(或路面材料强度试验仪)，摇筛机、游标卡尺，电子秤	设置工作台，上、下水道通畅
2	无机结合料室	无侧限抗压强度	稳定土成型机、液压电动脱模器、路面材料强度试验仪、无侧限抗压强度试模、游标卡尺、负压筛析仪	设置工作台，上、下水道通畅
3	集料室	颗粒级配、针片状颗粒含量、压碎值、细集料含泥量、密度、磨耗值、单轴抗压强度	标准筛(砂、石筛)、摇筛机、鼓风干燥箱、电子天平或浸水电子天平(0.1g)、针片状规准仪、游标卡尺、石料压碎值试验仪、坚固性试验装置、容量瓶、李氏比重瓶、容量筒、标准漏斗、温度计(0.1℃)砂当量仪、洛杉矶磨耗试验机、自动切石机、游标卡尺、自动双端面磨石机	设置工作台，上、下水道通畅、设沉降池；洛杉矶磨耗试验机需隔离、上下水通畅
4	水泥室	比表面积、细度、标准稠度用水量、凝结时间、安定性、胶砂强度、流动度	勃氏透气仪、电子天平(0.01g)、水泥净浆搅拌机、标准法维卡仪、沸煮箱、雷氏夹测定仪及雷氏夹、水泥胶砂搅拌机、胶砂振实台、标准养护箱、电动抗折试验机、胶砂试模、胶砂流动性测定仪	设置工作台，上下水道通畅；工作环境：20℃±2℃，相对湿度>50%，配备温、湿控制设备
		水泥比表面积	比表面积测定仪、分析天平(0.000 1g)	工作环境：20℃±2℃，相对湿度≤50%
5	水泥混凝土室	混凝土坍落度、含气量、凝结时间、水泥混凝土和砂浆配合比设计、砂浆稠度和分层度	坍落度筒、水泥混凝土搅拌机、标准振动台、抗弯拉试验装置、电子秤(≥30kg)、砂浆稠度仪、砂浆拌和机、混凝土、砂浆试模、混凝土贯入阻力仪、混凝土含气量测定仪	上下水通畅，有沉淀池，配备工作台；工作环境：20℃±5℃，相对湿度>50%，配备温、湿控制设备
6	力学室	无侧限抗压试验、水泥混凝土、胶砂强度试验、钢筋试验	2 000kN 压力机、300kN 水泥恒应力压力机、游标卡尺、万能材料钢筋标距机	配备温度控制设备

续上表

序号	功能室	主要试验检测参数	主要仪器设备配备	环境要求
7	化学室	石灰、水泥等原材料的灰剂量	滴定设备、鼓风干燥箱、电炉、化学药品、干燥器、分析天平(0.000 1g)、高温加热炉、烧杯、量筒等化学器皿	配备工作台和化学药品柜(双人双锁),通风良好、防尘防潮
8	沥青室	针入度、延度、软化点、闪点、黏附性、薄膜加热试验	自动针入度仪、低温延度仪(双数显)、软化点试验仪、鼓风恒温干燥箱、恒温水槽(0.1℃)、闪点仪、黏附性装置、薄膜加热烘箱、电子天平(0.01g)、冰箱、滤筛(1.18mm)、电炉或燃气炉(可控温)、温度计(0.1℃、1℃)、针入度循环水浴(0.1℃)	通风良好,配备工作台,配备冷暖空调,上下水通畅
9	沥青混合料室	马歇尔稳定度、流值、空隙率、矿料间隙率、沥青用量、矿料级配、最大理论密度	沥青混合料拌和机(20L)、马歇尔自动击实仪、沥青混合料马歇尔试验仪、烘箱(大、中各1台)、恒温水槽(1℃)、脱模器、沥青全自动抽提仪(或燃烧炉)、浸水天平(0.1g)、电子秤、最大理论密度测定仪、游标卡尺、温度计(0.1℃、1℃)、轮碾成型机、车辙试验机	通风良好(安装排气扇),配备工作台,上下水通畅
10	标准养护室	水泥混凝土、砂浆及其他强度试件的养生	全自动温湿度控制设备(水控温度)雾化加湿装置、铁制架子(保证强度、数量满足需要)	配备空调和保温措施
11	现场检测室	厚度、压实度、平整度、弯沉、几何尺寸、结构混凝土强度	取芯机、灌砂筒、电子天平(1g)、贝克曼梁、2m直尺、钢卷尺、摆式摩擦系数测试仪、路面渗水仪、构造深度测试仪、混凝土回弹仪、碳化深度测量装置、重型触探仪、钢筋保护层测试仪、泥浆指标仪、全站仪、自动安平水准仪、精密水准仪等	配置设备架
			激光断面仪、锚杆拉拔仪、地质雷达、收敛计、CO浓度检测仪、光透过率仪、照度仪、精密声级计	隧道工程检测设备
12	样品(留样)室	堆放现场抽检或送检的材料及留样	样品架、盛样容器	通风良好,清洁干燥
13	办公室	检测人员办公	办公桌椅、电脑、打印机	上墙管理图表
14	档案资料室	资料、档案	文件柜等办公设备	

注:试验室仪器、设备的先进性、精度要求不得低于现行相关技术标准、规范、规程的要求。

附录 C

主要相关现行规范、规程一览表

主要相关现行规范、规程一览表　　附表 C-1

序号	统 一 编 号	名　　称	实 行 日 期
1	JTG F10—2006	公路路基施工技术规范	2007 年 01 月 01 日
2	JTG/T F20—2015	公路路面基层施工技术细则	2015 年 08 月 01 日
3	JTG F30—2014	《公路水泥混凝土路面施工技术细则》实施手册	2014 年 04 月 01 日
4	JTG F40—2004	公路沥青路面施工技术规范	2005 年 01 月 01 日
5	JTG/T F50—2011	公路桥涵施工技术规范	2011 年 08 月 01 日
6	JTG E60—2008	公路路基路面现场测试规程	2008 年 09 月 01 日
7	JTG E51—2009	公路工程无机结合料稳定材料试验规程	2010 年 12 月 01 日
8	JTG E20—2011	公路工程沥青及沥青混合料试验规程	2011 年 12 月 01 日
9	JTG E40—2007	公路土工试验规程	2007 年 10 月 01 日
10	JTG E30—2005	公路工程水泥及水泥混凝土试验规程	2005 年 08 月 01 日
11	JTG E41—2005	公路工程岩石试验规程	2005 年 08 月 01 日
12	JTG E42—2005	公路工程集料试验规程	2005 年 08 月 01 日
13	JTG F80/1—2004	公路工程质量检验评定标准（土建工程）	2005 年 01 月 01 日
14	JTG E50—2006	公路工程土工合成材料试验规程	2006 年 10 月 01 日
15	JTG B01—2014	公路工程技术标准	2015 年 01 月 01 日
16	JGJ 55—2011	普通混凝土配合比设计规程	2011 年 12 月 01 日
17	JGJ/T 98—2010	砌筑砂浆配合比设计规程	2011 年 08 月 01 日
18	GB 1499.1—2008	钢筋混凝土用钢 第 1 部分 热轧光圆钢筋	2008 年 09 月 01 日
19	JTJ/T 27—2014	钢筋焊接接头试验方法	2014 年 12 月 01 日
20	JGJ 18—2012	钢筋焊接及验收试验规程	2012 年 08 月 01 日
21	JGJ 63—2006	混凝土用水标准	2006 年 12 月 01 日
22	GB/T 8074—2008	水泥比表面积测定方法	2008 年 08 月 01 日

续上表

序号	统一编号	名　称	实行日期
23	GB 8076—2008	混凝土外加剂	2009年12月30日
24	GB/T 228.1—2010	金属材料 拉伸试验 第一部分:室温试验方法	2011年12月01日
25	GB/T 232—2010	金属材料 弯曲试验方法	2011年06月01日
26	GB/T 1346—2011	水泥标准稠度用水量、凝结时间、 安定性检验方法	2012年03月01日
27	CECS 21:2000	超声波检测混凝土缺陷 技术规程	2001年01月
28	GB 175—2007	通用硅酸盐水泥	2008年06月01日

附录D

工地试验室主要基本制度范本

工地试验室职责

1.认真贯彻执行现行的国家有关法律、法规、标准、规范、规程和地方相关办法、文件，并结合项目实际特点、项目有关试验检测的规定和合同约定，全面负责项目工程的试验检测工作，并制订试验室各项规章制度、试验实施细则和试验管理办法，确保试验检测数据的真实、科学、公正。

2.负责办理项目试验室所需各种试验、检测设备的选型、购置及报废管理，建立、健全试验设备台账，定期进行维护、保养，保证设备性能完好。并按照规定对试验、检测设备进行定期检定、校准或自校，确保试验、检测结果的可靠性。

3.认真负责做好各类原材料检测、过程试验及各类混合料配合比设计，并及时提供试验报告，为项目材料选择、质量控制、竣工验收和验工计价提供支撑依据。

4.认真做好项目试验、检测工作计划，严格按照有关频率规定完成各类日常检测工作，并及时取得监理工程师的签认，以确保工程质量安全可靠，施工工序衔接有效。

5.加强业务学习，规范操作，积极开展新材料、新技术、新工艺的推广应用和配合比优化设计，合理降低本项目成本。

6.参加有关的工程质量检查、评定及各类有关工程质量的会议。

7.协助调查、处理工程质量缺陷事故，出现重大质量事故时，按规定及时上报有关部门。

8.对项目的交工申请进行评估，参加对拟交工工程的检查和验收。

9.负责项目工程试验、检测资料的编制、整理、归纳、汇总、存档，定期向主管领导上报资料。

10.参与质量体系审核，制订本部门不合格项的纠正和防范措施，进行整改和验证。在职责范围内，确保质量体系的有效运行。

试验室主任岗位职责

1.遵照母体试验室的授权要求，全面主持试验室管理工作，接受上级主管部门领导。

2.遵守法律、法规、政策和母体试验室质量体系和管理制度；组织编制和实施工地试验室的管理体系文件；组织完成各项试验检测任务。

3.负责收集开展试验检测工作所用的标准、规范和规程以及其他相关技术文件，并组织学习。

4.组织和领导工地试验室人员认真开展试验检测工作，严格遵守信用评价办法和工地试验室管理工作的意见，保证工地试验室工作的独立性、公正性和科学性。

5.负责提出试验室的计量检测仪器设备的购置、更新、改造计划;提出计量检测仪器设备的维修、降级和报废计划;实施采购、验收工作。

6.负责试验室资源调配,充分保证检验工作的物质资源,不断完善检验环境和工作条件。

7.负责试验室人员的技术培训,考核试验人员的工作情况及质量状况,对试验室人员晋级提出建议。

8.审阅各类检测报告及原始记录,并作质量分析。

9.对试验室各类事故参与分析并提出处理意见。

10.负责试验室的行政管理事务、安全和环保工作。

11.接受上级部门的监督检查和指导。

试验检测人员岗位职责

1.服从领导安排,自觉遵守工地试验室各种规章制度,认真贯彻质量体系文件,承担检测任务,保证检测质量。

2.具备试验检测工作的基本知识和技能,熟悉检测程序,掌握试验检测方法,了解本行业试验检测技术及试验检测仪器的发展趋势和现状,不断加强业务学习和能力。

3.严格按照试验检测规范、试验检测大纲、实施细则进行各项试验检测工作,确保试验检测数据的准确可靠,认真填写试验检测原始记录,编制检测报告或校核数据,按时填写仪器设备操作使用记录。

4.上报试验检测仪器设备的检定/校准,维修计划,有权拒绝使用不合格试验检测仪器或超过检定/校准周期的仪器。

5.妥善维护、保管试验室的仪器设备。

6.负责本部门内对所辖试验检测样品流转的保护和标识管理。

7.负责保管所辖的文件,及时填写由本人负责的或本人参与的质量活动和技术工作记录。

8.按计划进行试验质量控制活动,接受其他工作安排。

9.为确保试验检测的公正性和独立性,有权拒绝行政或其他方面的干预;有权越级向上级领导反映各级领导违反试验检测规范、规程或对试验检测数据弄虚作假的现象;严格遵守试验检测人员纪律。

资料管理员岗位职责

1.遵守各种规章制度,严格执行质量体系文件,负责对工地试验室质量体系文件、外来文件、标准规范、图纸、通知、资料、参考数据、电子版文件的管理,对试验室主任负责。

2.负责建立和保管文件、记录、档案;加强与相关单位的联系,利用各种方法及时收集科技情报;办理各种资料、书籍的征订、接收、借阅工作。

3.负责检测报告的发放管理工作。

4.负责保管和使用试验室印章,严格遵守印鉴管理制度。

5.在未经批准的情况下,有权拒绝借出文件资料,严格遵守保密制度,不得随意复制、散发试验检测报告。

6.严格执行保密和保护所有权利、电子版文件和记录的管理、文件控制和记录的管理,保证所有资料的完整无损,对因管理不善而造成的文件资料受损或遗失负责。

7.负责资料室的清洁、整齐,不准其他人员随意进入,做好防火、防盗、防蛀工作,以防资料损坏。

样品管理员岗位职责

1.负责样品入库时外观检查、封样标记完整性检查并清点数量,核实无误后,登记入库,入库登记本应有样品保管人员签字。

2.样品应列架分类管理,待检、未检、已检应有明显的标记,不同单位送交的样品应有区分标志。

3.样品桶、样品箱、样品袋应清洁完好,不得用留有他物或未经清洗的用具存放样品。

4.样品保管人员应将各类样品立账、设卡,做到账、物、卡三者相符。

5.保存样品室的环境条件符合该样品的贮存要求,不使样品变质,损坏,不使其降低或丧失性能。

6.样品的领取应办理手续,领取者和发放者都应检查样品是否完好并签名;样品的检后处理及备用样品的处理都应按有关规定办理手续,经办人及主管人员应签名。

7.做好样品保管室的防火、防盗、防潮等工作;样品的丢失按责任事故处理。

仪器设备管理员岗位职责

1.负责试验室仪器设备的检定/校准/核查等管理工作。

2.负责试验室仪器设备的验收、安装、调试、标识、储存、维修;负责建立和保存仪器设备档案(或交由资料管理员保存);计算机系统的管理、日常维护和技术支持。

3.负责制订仪器设备周期检定/校准、核查、维护计划,并组织实施。

4.严格执行仪器设备管理制度,负责建立和保存仪器设备档案。

5.有权制止使用不符合要求的仪器设备、设施。

工地试验室管理制度

1.试验室工作人员须经岗位专业培训,且考试合格后持证上岗,无上岗证人员不得从事试验工作。

2.试验室工作人员必须严格遵守各项规章制度,坚守工作岗位,认真履行工作职责,听从上级工作安排。

3.试验室工作人员必须使用符合标准规范的仪器设备和工具,严格按照现行有效的试验操作规程进行试验检测活动。

4.试验检测结果必须客观真实,并现场记录在原始记录表上,字迹必须清楚整齐,信息必须全面有效,严禁涂改、转抄、销毁。

5.试验数据处理必须符合标准规范要求,试验报告严格按照试验、复核、审批等程序进行,并在签字齐全后加盖试验室检测专用公章。

6.试验仪器设备必须按照规定定期进行检定、校验和自校工作,确保试验工作正常开展,试验结果准确有效。

7.做好试验数据资料的收集积累和统计分类,积极开展和推广应用新技术、新材料、新工艺的研究工作。

8.试验室主任应定期组织全体人员进行业务学习、安全教育,同时安排培训计划,并进行定期技术考核和不定期安全检查。

9.试验室全体工作人员必须团结合作,保质保量完成本职工作和试验室工作,服从上级工作安排,认真完成试验检测工作。

试验检测工作制度

1.试验工作实行岗位责任制,检测项目责任人根据分工完成试验工作过程并就试验工作的正确性对试验室主任负责。

2.严格执行试验规程及技术标准,试验人员应熟悉分管检测项目的试验规程及技术标准,熟悉试验工作的操作步骤、试验条件、影响因素、注意事项,并能熟练地操作试验设备,应避免一边试验,一边查看操作规程。能分析试验过程中出现的各种异常情况,并做出正确的判断,采取必要的处理措施,确保试验结果准确无误。

3.建立检验试验仪器设备操作规程,指导操作人员能按照正常的程序开展检验工作,确保检验结果准确有效。

4.在外检时,仪器设备的借用、维护需遵循仪器设备管理制度。

5.带到现场作业的检测设备,检测人员应有计划地做好设备的安全运输工作,使用前检查仪器设备使用状态。

6.检测人员在检测工作开始前准备好记录表格,使用规定的记录表格。

7.检测人员每日上班应对本室的仪器设备、工具、水电进行检查,如有异常情况应立即采取措施,进行处理;检测过程中出现仪器设备损坏、故障等,应立即停止使用,并按仪器设备管理制度的要求进行。

8.试验完毕,检测人员应将所使用的仪器擦干净,配件放回原处,较精密的仪器应放入柜内或套上防尘罩,试验废料当日处理。下班前,应检查门、窗、水、电。

9.健全原始记录填写和保存制度。原始数据不能记在草稿纸上,再转抄在记录上,记录内容应全面真实,以便实现试验过程的可追溯性。原始记录书写应整齐、字迹清楚,并不得随意涂改,确实因笔误或其他原因需要更改数据时,应杠改,将正确的数据书写在其上方,在旁边签上修改人名;原始记录试验人、记录人、复核人签名应齐全,并按规定保存。

仪器设备、计量器具的管理和检定制度

1.仪器设备由试验室派专业人员统一管理,每台仪器均须有使用说明,检验校准时间、记录和保管人,建立一机一档,仪器上贴设备管理卡和设备状态卡。

2.仪器设备岗位责任人应根据仪器设备的技术资料的要求制订操作规程，经试验室主任审核后实施；仪器设备岗位责任人必须熟悉仪器设备的性能、操作规程并能进行熟练操作，定期对仪器设备进行维护和保养，保持仪器设备的整洁与正常，按要求填写维护保养记录。

3.试验仪器设备实行检定/校准制度，所有仪器设备由岗位责任人根据检定/校准结果及使用情况分别贴上“合格”（绿色）、“准用”（黄色）、“停用”（红色）三种标签进行标识。

4.仪器设备专人管、专人用，非试验人员一般不得独立操作，特殊情况下经中心试验室负责人同意后方可使用。

5.试验仪器设备在使用前应检查是否处于正常状态，使用完毕后应及时断电、擦洗清扫，保持仪器清洁；对于电器设备，如不经常使用，应定期通电运行，在潮湿天气时应增加通电运行次数，设备通电运行情况也应记录。

6.仪器设备在检定/校准周期内如存在修理、搬运、移动等情况，应重新进行检定/校准。对于性能不稳定、使用频率高和进行现场检测的仪器设备，以及在恶劣环境下使用的仪器设备应进行期间核查。仪器设备在使用过程中如出现故障，应立即停机，不得带病运转。

7.仪器设备、计量器具均须按照国家标准计量部门的有关规定定期进行检定。对检定合格的仪器设备、计量器具检定合格证书应随同仪器设备、计量器具一起妥善保管，并把证书复印后张贴于醒目位置。

8.新购置的仪器设备，计量器具应先检定，并取得合格证书后方可使用；检定效期内的仪器、设备、计量器具在使用过程中出现失准时，经调整修理后，应重新检定。

9.仪器设备每次使用完毕，均应认真擦拭干净，有防尘护罩的应将罩布盖好；对不常用的仪器，每月擦拭并试机一次，其中电子仪器试机通电不少于30min，充电仪器每次充电不少于8h以上。

样品管理制度

1.样品管理应建立样品管理台账，接收时进行唯一性编号，检查样品的性质和状态是否适宜于进行所要求的检测项目，对样品名称、数量、规格型号、形态、外观缺陷等一一登记。

2.根据样品的不同特点和不同要求，做好样品识别工作，保证各样品和必要时的可追溯性。

3.样品室专人负责，样品应分区分类存放，标识清楚，做到账物一致，样品储存环境应安全，无腐蚀，清洁干燥且通风良好。

4.样品室环境应满足要求，以保证样品储存始终是符合检验要求的。对易燃、易爆和有毒的危险样品应隔离存放，做出明显标记。

5.样品管理员在收到样品后而试样人员未领取样品前，应在样品上标有“待检”状态标识；试验人员在领取样品时，应在样品的状态标识上标注“在检”，已检后的留存的样品在退回样品回库时应在样品上标注“已检”状态标识。

6.试验完毕后，应将标有“已检”状态标识的样品交样品管理员入样品库保管，包括有分析意义的已失效或损坏的试验完毕样品；样品应按各类材料相应的要求期限来存储，例如:水泥留样三个月。留样样品加贴“留样”标签,特殊样品根据要求另行商定,留存样品应有留样记录。

7.本试验室对项目选用进场材料样品的检测、储存与处置,严格执行保密程序,对供应商的样品、附件及有关信息负保密责任,留样期内的样品不得以任何理由挪作他用。

化学用品及废水、废气、废渣管理制度

1.化学试剂及器材必须专人专管,应根据不同的性质分类、分区保管存放,并有明显的标识;腐蚀、有毒、易挥发药品试剂应单独存放于药品柜最底层,并在沙箱中放置,使用时应轻拿、轻放,防溅入眼中或身上,一旦溅上立即用水冲洗。

2.化学试剂中的危险品和剧毒药品必须专门存放于危险品库中,仓库必须远离办公室和试验室,仓库实行双人双锁制度,使用量及剩余量必须逐笔记录,发现剩余量与账物不符时应立即追查,直到原因查明为止。

3.有毒、易挥发的药品在使用时必须在通风橱内进行操作,腐蚀性的化学药品不能在烘箱中烘烤,不能直接在精密天平上称量。

4.玻璃器皿应存放于相对干燥、密闭的器皿柜中,每次使用前后都必须用蒸馏水冲洗,以免产生试验误差。

5.试验检测后的有害有毒残渣残液不许随意排放,必须达到国家排放标准或用专门容器回收,到环卫部门指定地点排倒。

6.工地试验室产生的废水、废气及废渣应安全排放,试验废水经沉淀后方能排放,试验固体废弃物应集中存放,定期清理到指定位置,不得随意摆放、丢弃。

7.试验室环境应考虑废水、废气及废渣的处理,例如:标准养护室地面应设置储水装置,方便养护室回流,防止地面积水;化学室、沥青和沥青混合料室应设置机械强制通风设施;各功能室均应铺设上下水管道,配备水池,地面应设置地漏;水泥混凝土室、石料等室地面应设置水槽和沉淀池。

试验检测环境管理制度

1.工地试验室以外人员未经批准不得进入试验区域。

2.试验检测区域内的房室结构、供水供暖、供电、通讯、管、线路及其他配套设施由专人负责维修保养,未经本部门负责人同意不得随意拆改。管理组对检测室设施和环境的符合性和日常维护状况实行监督,并负责各类设施的长期维修。

3.试验人员离开试验检测区域时,应断开使用状态时的水、电、火、气流,关闭门窗和通信装置。

4.进入试验检测室,必须遵守试验检测室的规定,严禁吸烟、喧哗或从事与试验检测工作无关、有害的活动。

5.试验检测室内不得存放与工作无关的任何物品。

6.各试验检测科室的负责人应指定专人管理各试验检测场所,其管理内容为:保持室内整洁、卫生,保证仪器设备放置整齐、有序、合理且安全,检查督促其他人员对设施、环境进

行日常维护和监控。

7.剧毒品，易燃、易爆品由专人保管；使用过的剧毒、易燃、易爆物品残渣、残液须装入专用回收容器。

8.技术负责人组织对试验检测区域定期检查、考核。

安全生产管理制度

1.安全管理部门具体负责安全基础知识、安全操作教育及安全管理。

2.工地试验室或可能出现不安全状态的各科室、工作场地及设备附近，应悬挂、张贴安全注意事项或操作规程。

3.剧毒品、易燃易爆品应放置在指定地点，由专人保管，剧毒品使用时应有两人同时在场进行毒品的开封、称量、使用和记录，未使用完的毒品溶液仍送回原处保存。在使用现场，安全措施应用“警示”标识予以表示。相关人员应详细记录毒品的使用及归还情况。做到购进、使用的账物相符。

4.各种有安全时限的仪器设备、设施必须按时送检、维修。

5.工地实验室的电、水、气、电信设施等，未经管理部门同意不得擅自拆、改；设备操作人员离开工作场所时应切断水、电、气、火源，关好通风设施和门窗；检验中出现停电、停水、停气等影响检测的故障时，检验员应首先对仪器设备和被检物品实施保护措施，防止仪器设备和物品损坏，同时做好现场记录，向负责人报告。

6.试验检测后的有害有毒残渣残液不许随意排放，必须达到国家排放标准，或用专门容器回收，到环卫部门指定地点排倒。

7.仪器设备、设施出现异常情况，应查找原因，维修合格后方可使用。

8.各工作场所均应配备相应的消防设施并放置于醒目易取的地点，根据需要还应配备其他相应的防范和应急装置，在必要的区域配备防盗和安全保密设施。

资料、档案管理制度

1.资料、档案保存应编号登记、分类归档、专人保管、专人负责；所有档案的管理必须符合档案管理制度的要求，档案资料交接办理交接手续并登记造册；与上级单位的往来文件由文件管理员每年整理，交资料管理员存档，其他资料由管理组整理，交资料管理员存档。

2.试验数据资料严禁修改、伪造，做到严谨求实。经认真整理、确认无误后，都必须经主管工程师复核、签字。

3.对各种试验资料应认真审核，发现问题及时向主管工程师汇报。

4.资料室环境条件应满足防腐、防潮、放火、防虫等要求，确保保存期内的完整无损。

5.档案资料严格按档案管理制度的保密要求执行，并遵守保密和保护所有权程序。

6.往来文件、政策、法律、检测标准等非保密性文件资料的查阅，由查阅人向资料管理员办理借阅手续；保密性档案资料的借阅由试验室主任批准，并征得要求保密方同意后，办理相应的审批手续后，由资料员带领，在资料室内查阅，不得借出。

7.为了确保档案的连续性和完整性，应严格档案借阅手续，试验室相关人员工作变动时，必须及时办理移交手续。

不合格品报告制度

1.工地试验室实行不合格品报告制度，对包含不合格品的复检、留样、反馈，建立不合格品台账及记录不合格品的处置情况等内容。

2.实行不合格品报告制度，对于签发的涉及结构安全的产品或试验检测项目的不合格报告，工地试验室授权负责人应在2个工作日之内报送试验检测委托方和建设单位，并抄送所在地质量监督机构并建立不合格试验检测项目台账。

3.监督并要求施工单位不得使用未检或检验不合格的材料或半成品、成品，若发现不合格材料或半成品，应禁止使用并及时清退出场，同时上报有关部门领导。监理单位对进场检验不合格的设备、构配件和材料不予签认，并报质量监督部门。

4.对于不合格品，应监督施工单位及时清退；工程实体检测试验不合格，不得进入下一道工序施工，且不得进行验工计价。

5.监理单位和施工单位对检验结果发生争议时，应由总监办提议，报中心试验室试验进行复检，或委托第三方有资质的试验检测单位进行检测，对不合格样品进行封存留样，并建立不合格品台账，记录不合格品处置情况等内容。

6.属于重要问题的不合格品事故应报质量监督机构备案。

外委试验管理制度

1.试验室外委试验时，必须考察外委试验检测机构的资质、检测能力、信用水平、服务质量以及收费标准等，并经监理、业主批准后实施。

2.对资质不符、能力低下、弄虚作假及收费严重不合理的外委试验检测机构，一经发现，立即停止委托试验。

3.试验室必须建立委托试验计划和台账，对外委试验报告进行单独管理。

4.试验室技术负责人和质量负责人应对委托试验的技术和质量问题把关，对委托试验报告必须审核，有问题及时联系解决。

5.各项委托试验采用的试验方法和评定标准必须符合技术标准要求和项目要求。委托试验报告至少一式三份。

6.对于委托试验项目，做好封样标识工作，并取得委托试验室的收样确认凭证。

7.对于重要的试验项目，委托试验留样以备复验。

附录 E

工地试验室典型图片

附图 E-1　工地试验室 A

附图 E-2　工地试验室 B

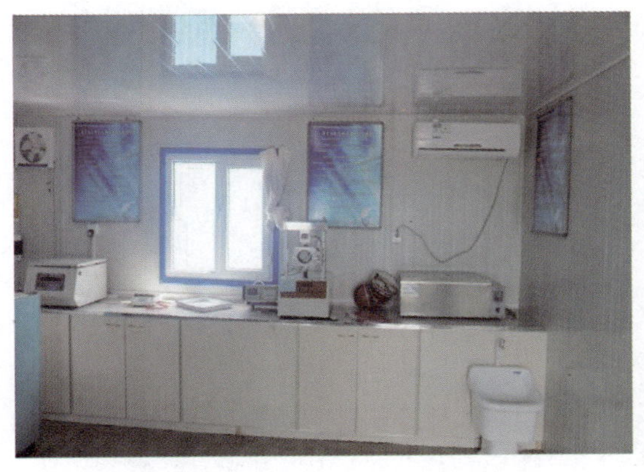

附图 E-3　沥青混合料室

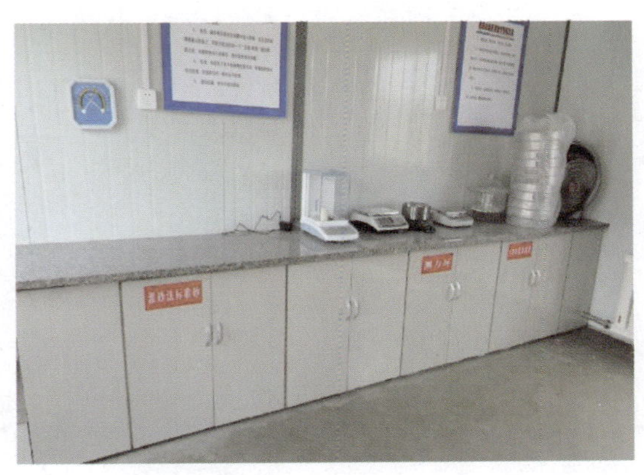

附图 E-4　土工室

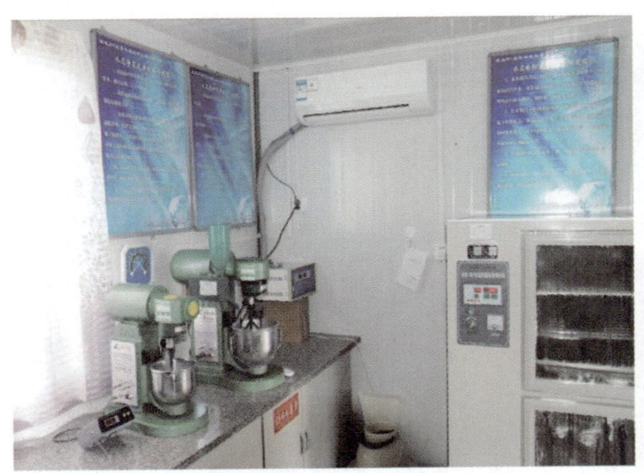

附图 E-5　水泥室 A

附图 E-6　水泥室 B

附图 E-7　力学室

附图 E-8　沉淀池

附图 E-9　排气扇

附图 E-10　试验室水池

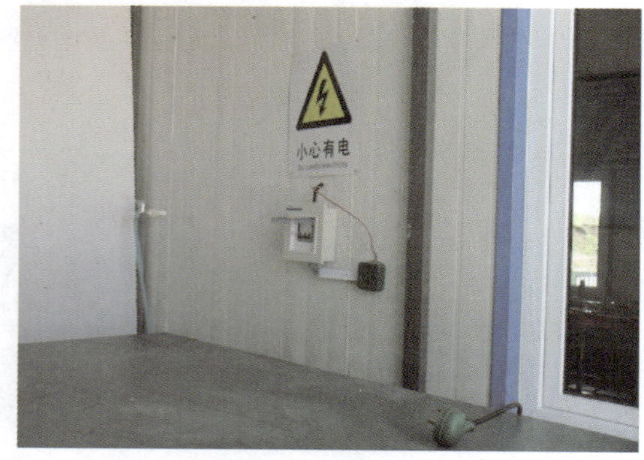

附图 E-11　用电标识

附图 E-12　标准养护室

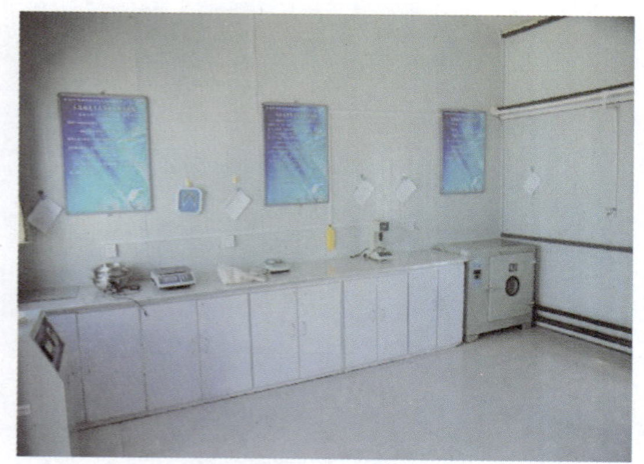

附图 E-13　沥青室

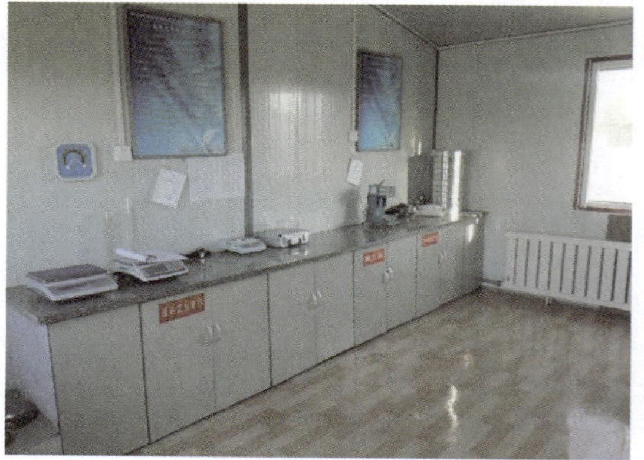

附图 E-14　集料室

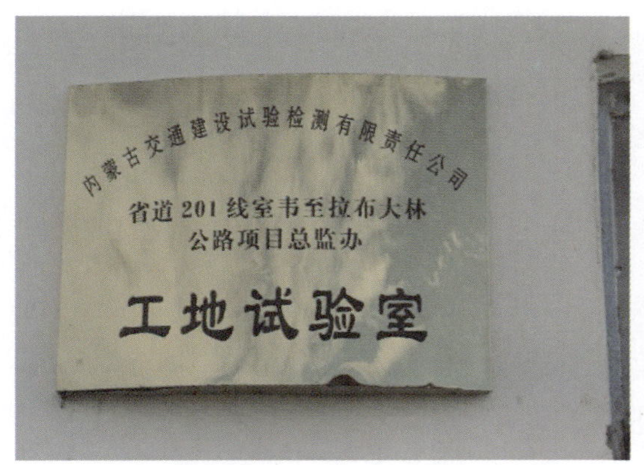

附图 E-15　工地试验室标牌

附图 E-16　试验室门牌标识

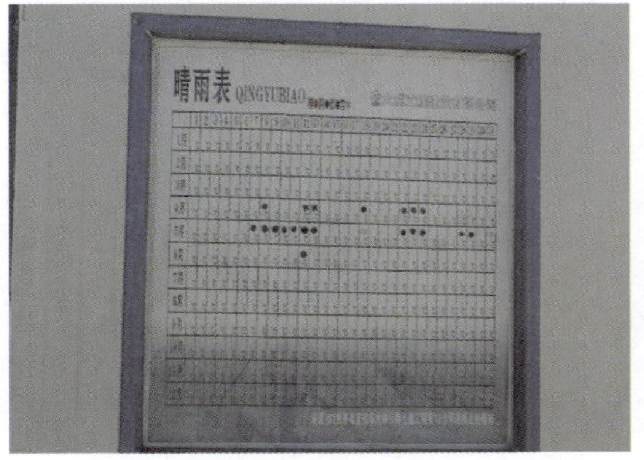

附图 E-17　晴雨表

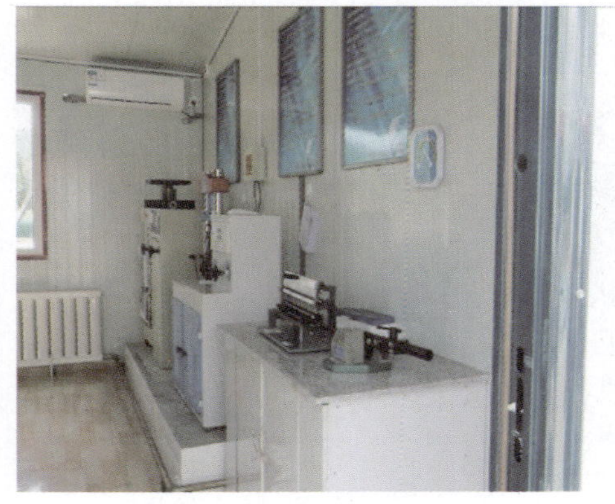

附图 E-18　空调设备

附图 E-19　集料室(隔噪区)

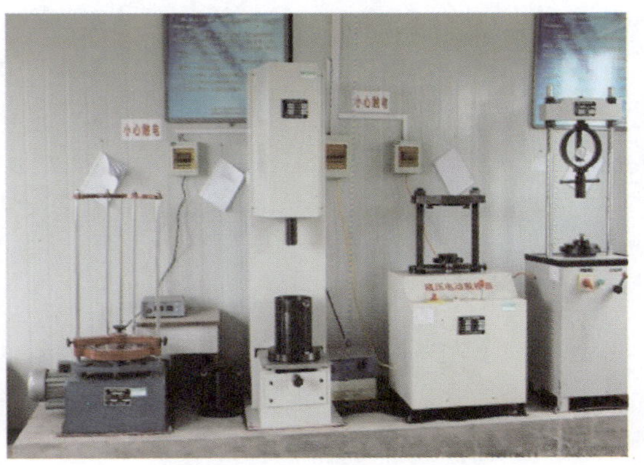

附图 E-20　无机结合料室

附图 E-21　力学室(万能试验机)

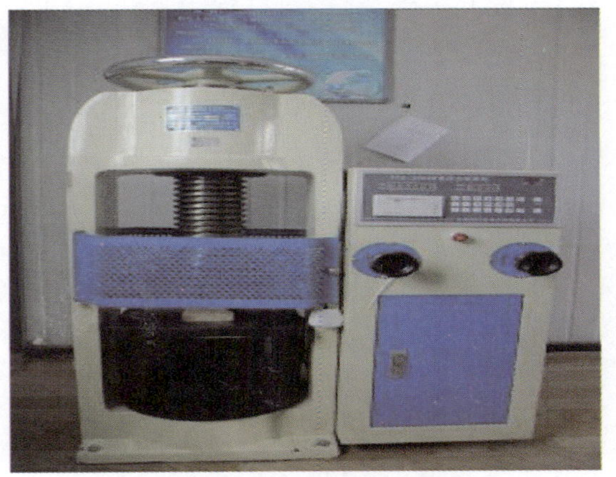

附图 E-22　力学室(压力机)

附图 E-23　档案室 A

附图 E-24　档案室 B

附图 E-25　质量体系文件

附图 E-26　办公室

附图 E-27　试验人员公示牌

附图 E-28　宣传牌 A

附图 E-29　宣传牌 B

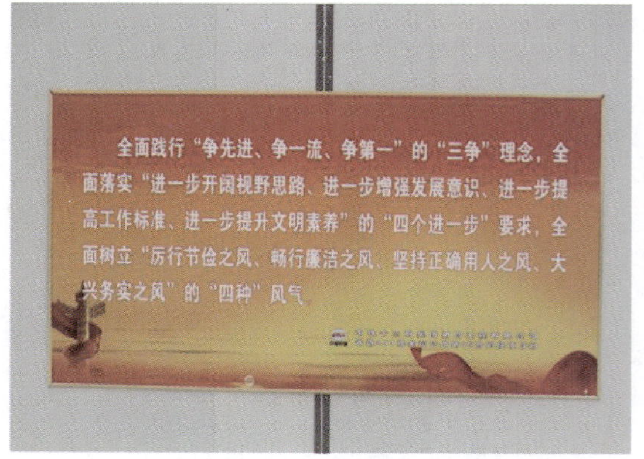

附图 E-30　宣传牌 C

附图 E-31　试验室消防栏

附图 E-32　试验室消防设施

附图 E-33　样品留样室 A

附图 E-34　样品留样室 B